이종한 신부의
성화 이야기 2

이종한 지음

프란치스코
출판사

이종한 신부의 성화이야기2

교회인가 서울대교구 2022년 1월 21일
1판 3쇄 2025년 2월 10일
지은이 이종한
교정교열 심종민
표지 및 내지 디자인 김화진

펴낸이 김상욱
만든이 이상호
만든곳 프란치스코 출판사(제2-4072호)
주　소 서울 중구 정동길 9
전　화 (02) 6325-5600
팩　스 (02) 6325-5100
이메일 franciscanpress@hanmail.net
홈페이지 https://blog.naver.com/franciscanpress

ISBN 978-89-91809-96-3　04230
ISBN 978-89-91809-50-5 (세트)
값 16,000원

이종한 신부의
성화이야기2

이종한 지음

차례

- 5 서문
- 9 파도바의 성 안토니오와 아기 예수 – 카를로 프란체스코 누볼로네
- 15 천사의 도움을 받는 성 프란치스코 – 오라치오 젠틸레스키
- 23 성 프란치스코 – 프란체스코 데 수르바란
- 31 폴리뇨의 마돈나 – 라파엘로 산치오
- 41 탈혼 중의 성 프란치스코 – 조반니 벨리니
- 53 성가정 – 알비세 비바리니
- 67 그레초의 프레스코-성탄 – 이탈리아 그레초 성당
- 79 성 프란치스코의 오상 – 스테파노 디 지오반니 싸쎄따
- 87 탈혼에 빠진 성 프란치스코 – 카라바조
- 97 무릎을 꿇고 명상하시는 성 프란치스코 – 엘 그레코
- 103 바람형제 – 피에로 카센티니
- 111 발레 로미타 성당의 제단화 – 젠틸레 파브리아노
- 121 성 프란치스코가 스페키오 동굴에서 물을 포도주로 변화시킴 – 스테파노 디 스타시오
- 131 로마 카푸친 수도자들의 성당 – 프랑수와 마리우스 그라넷
- 139 칠락 묵주기도의 성모 – 장발
- 147 장미의 기적 II – 제라르도 독또리
- 155 수행자 – 도우 제리트
- 163 천사들의 주방 – 바르톨로메오 뮤릴로
- 171 성모자와 성인들 – 로렌죠 로또
- 179 하르피의 성모 – 안드레아 사르토
- 187 고르쿤의 순교자들 – 체사레 프라카시니

서문

프란치스코 성인에게 매혹된 작가들

성미술에 관해 부족한 글들이지만 필요한 분들과 함께 나누고자 하는 마음으로 첫 번째 책을 출판한 지 벌써 7년이 지났습니다. 그동안 우리 사회에서 성미술에 관한 관심은 놀랄 만큼 증가했습니다. 성미술에 관련된 전시회와 강의 등 여러 면으로 관심이 확산되고 있는 것이 사실이지만, 아쉬운 점이 남아있다면 그것은 아직도 성미술을 교회 장식 수준으로 생각하고 계신 분들이 많다는 것입니다. 성미술에 대한 관심이 확산됨과 더불어 이 점 역시 극복되리라는 희망을 가져봅니다.

성화이야기 두 번째 책에서는 제가 있는 수도회의 창설자이신 성 프란치스코를 주제로 한 작품을 모았습니다. 현대에 있어 성 프란치스코는 탁월한 종교인이기 이전 교회와 인류가 처한 위기에서 구원의 방향을 제시할 수 있는 지도자로 평가되고 있습니다. 지난 세기를 살다 간 영국의 역사가 아놀드 토인비는 그의 저서인 "역사의 연구"에서 인류 역사에서 존경받는 인물 세 명을 꼽으라면 석가, 예수, 프란치스코라고 표현하면서 그 이유로 이들은 자기중심성에서 해방된 인간의 모델이라고 제시했습니다.

현대에 와서 성 프란치스코는 인류가 처한 전쟁과 지구의 종말의 위협 요인이 되는 환경 생태 문제와 같은 구체적 위기를 극복할 수 있는 긴급 처방을 제시해서 실재적 도움을 줄 수 있는 인물로 더 인류에게 가까이 접근하고 있습니다.

예수회 출신의 교황께서 역사상 처음으로 교황직을 맡으시면서 프란치스코의 이름을 사용하시고 당신의 많은 가르침을 프란치스코에서 인용한 것은 저에게 큰 자랑과 부끄러움으로 다가옵니다. 자랑스러운 것은 제가 프란치스칸이라는 것이고, 부끄러움은 프란치스코의 제자답게 살지 못하는 자신의 부족함을 발견하기 때문입니다.

이 책 속에 나오는 작가들은 하나같이 성 프란치스코에게 매혹되어 여러 작품을 남겼으며, 이들의 작품은 프란치스코의 삶을 통해 인류가 얼마나 풍요롭게 살 수 있는 지에 대한 감동적 지혜를 전하고 있습니다. 작년, 탄생 700주년을 맞은 단테를 비롯해 많은 작가와 신학자들이 성 프란치스코의 삶과 사상에 대한 글들을 남겼습니다만, 여기 수록된 작가들의 작품은 어떤 신학자나 작가들도 표현하지 못했던 새로운 관점에서 성 프란치스코를 바라보기에 성인에 대한 이해를 더욱 풍요롭게 표현할 수 있었습니다.

교회는 더 새로워져야 하고, 성미술은 바로 그 요청에 생기를 더할 수 있는 좋은 도구입니다. 성미술에 관한 탁월한 식견을 지니시고 성미술이 복음화의 중요한 도구임을 강조하시기 위해 바티칸 현대 미술관을 개관하신 바오로 6세 교황님께서 개관식에서 다음과 같은 말씀을 하셨습니다.

"현대 화가는 어떤 면에서 현대인의 예언자이며 시인입니다. 현대인의 사고방식, 현대 사회를 가리켜 보이는 예언자이며 시인입니다."

이 책에 실린 작품들은 하나같이 그 시대에 필요한 예언적 표현으로 성 프란치스코라는 도구를 통해 교회의 풍요로움과 교회가 가야할 방향을 제시했습니다. 우리 교회의 처지에서 보면 성미술은 아직까지 사람들에게 파격적인 관심과 흥미를 줄 수 있는 분야는 아닙니다. 하지만 우리가 살아가고 있는 현대의 교회 속에서 신앙 성숙에 꼭 필요한 부분이라는 신념으로 이 책을 준비했습니다.

성미술에 대한 관심이나 열정은 높으나 그에 따르지 못하는 저의 부족한 능력 때문에 이 책을 만들기까지 여러분들의 도움이 있었습니다. 무엇보다 출판 수입을 기대할 수 없는 이 책에 출판비를 넉넉히 봉헌해서 저를 격려해주신 은인과 함께 바쁜 수도생활에서도 본인의 졸필을 정성껏 교정해주신 도반 조 루도비코, 심 엠마누엘 형제 그 외에 영세한 시설에서 좋은 책을 만들고자 수고하시는 프란치스코출판사 직원들에게 감사의 마음을 남기고 싶습니다.

"주님께서 베푸시는 기쁨이 바로 우리 힘"(느헤 8,10)의 말씀이 이 책을 읽는 분들에게 전달되길 빕니다.

2022년 3월 사순절에
프란치스코회 정동 수도원에서
이종한 요한 신부

파도바의 성 안토니오와 아기 예수
(St Anthony of Padua and the Infant Christ)

카를로 프란체스코 누볼로네(Carlo Francesco Nuvolone, 1609-1662)
1650년 이전 추정, 유채 판화 31 X 25cm, 개인 소장

성 안토니오는 교회 여러 성인들 사이에서 가장 인기 있는 성인들 중 한 명이다. 그래서 안토니오 성인상이 유럽의 웬만한 성당에는 다 있다. 안토니오 성인은 포르투갈 귀족 가문 출신으로 경건한 부모님의 영향을 받아 일찍부터 하느님께 일생을 바칠 결심을 하고, 아우구스티노 수도회에 입회했다. 1220년 모로코에서 순교한 다섯 명의 프란치스칸 순교자들의 유해가, 그가 살던 도시 파도바로 왔을 때, 자신도 그들처럼 순교자가 되고픈 열정에 사로잡혀 프란치스코 수도회에 입회했다. 그는 처음 지녔던 순교의 열정을 지니고 아프리카로 갔다가 병을 얻어 결국 돌아오게 되었다. 그 후 1221년 아씨시에서 개최된 총회에 참석했다가, 조용히 은둔하며 고행 생활에 열중하기 위해 몬테파올로 운둔소로 가게 되었다. 그러나 "감추인 것은 반드시 드러나게 마련이다"라는 교훈이 그에게 적중하게 되었다. 어느 날 사제 서품식에 참석했을 때, 마침 미사에서 강론할 마땅한 사람이 없어 안토니오가 맡게 되었는데, 이 자리

에서 설교가로서 그의 놀라운 능력을 인정받게 되었다. 그때부터 그는 복음을 선포하는 사도적 활동에 투신하고 불같은 열정으로 사람들을 개종시키며 허약한 신자들의 믿음을 굳건히 해 주었다. 그가 거둔 사목적인 결실은 가히 기적으로 여길 만큼 대단한 것이었다. 그의 영향에 의해 많은 사람들이 회심하여 교회로 들어오게 된다. 그 덕분에 파도바는 성지로 다시 태어나게 되었다.

그의 불꽃같은 인생은 세상의 눈으로 보면 몹시 안타까운 36세 나이에 하느님의 부르심을 받게 된다. 그의 유해는 현재 파도바의 성 안토니오 대성당에 모셔져 있고, 이 성지는 오늘날도 많은 순례자들에게 성인의 기억을 일깨우고 있다. 그 당시 사람들은 안토니오를 일컬어 "이단자들을 부수는 망치" "살아 있는 계약의 궤"라고 하였고, 숱한 기적을 행하는 사람으로 알려져 있다. 게다가 17세기부터 잃어버린 물건을 찾을 때 안토니오 성인에게 기도하면 곧바로 찾는다는 전설이 생겼다.

19세기에는 가난한 이들의 수호성인으로 일생 그들을 위해 헌신했던 성인의 이름을 따서, "안토니오의 빵"이라는 이름으로 가난한 이들에게 식사를 제공하는 애덕 활동이 시작되었다. 이 애덕 활동은 오늘날도 여러 나라에서 괄목할 만한 활동을 이어가고 있다. 성인은 오늘날에도 여전히 복음의 진면모를 대중적으로 훌륭하게 표현한 성인으로 평가받고 있다.

　이 작품은 성인을 모델로 제작된 많은 성화의 표본과 같다. 프란치스코 수도복을 입은 성 안토니오, 아기 예수님, 손에 든 백합화는 성인의 초상에 단골로 등장하는 기본 요소이기도 하다. 성인은 다정스러운 자세로 아기 예수님을 왼팔로 포옹한다. 성인이 아기 예수님을 동반하고 있는 모습은 다음의 전승에서 연유된 것이다. 성인을 존경하던 어떤 신자가 성인을 방문했을 때, 이 신자는 아기 예수님과 이야기하고 계시는 성인의 모습을 보았다고 한다. 이것은 성인이 설교자로서 생활하는 바쁜 삶의 여정에서도 항상 주님과 더불어 기도 안에 사셨음을 강조하기 위한 것이었다. 아기 예수님은 책 위에 서 계신다. 이것은 성인이 해박하고 명민한 천상의 지식을 지니셨던 교회 학자임을 상징한다. 게다가 책 위에 서 계신 아기 예수님은 성인의 해박한 지식이 인간적인 지식에서 나온 것이 아니라, 하느님의 말씀에서 나온 것임을 강조하는 것이다. 성인은 일생 동안 많은 고행을 하신 분이었으나 성화에서는 항상 깨끗하고 건강한 모습으로 등장한다. 이것은 당시 유행하던 바로크 화풍의 영향 때문이다. 바로크 예술은 16세기 말 이탈리아에서 등장하여 유럽 전체에 퍼지게 된 화풍으로, 교회 현실과 깊은 연관이 있다.

마르틴 루터의 종교개혁으로 교회는 많은 것을 잃었고 그 권위가 바닥으로 실추된 처지였다. 그런 상황에서 교회는 사람들을 다시 모으기 위해, 힘 있고 화려한 천상의 영광을 교회의 위상으로 재현해야 한다는 생각을 하게 된다. 이런 사고방식은 '보다 큰 하느님의 영광'을 실현하기 위한 목표로 창설된 예수회 회원들에게 커다란 공감대를 형성하였고, 이들에 의해 널리 퍼지게 되었다. 아기 예수님을 안고 계신 성인의 주위에는 이 세상 것으로 여겨지지 않는 경치가 전개되어 있다. 이런 광경은 우리의 본향인 천상 세계를 암시하기 위한 것이다. 성인은 주님을 이 세상에서 만나는 것이 아니라 천상에서 만나고 있기 때문에 더없이 아름답고 상쾌한 모습을 보여 준다. 작가는 현실을 환상적으로 표현하면서도 성화의 근본 취지인 주제의 진실성을 명확히 드러낸다. 성인이 손에 들고 있는 백합화는 여느 성인의 성화에서도 늘 등장하는 백합이다. 이 꽃은 하느님만으로 더없이 풍요롭게 살아가는 성인의 순결한 영혼을 상징하고 있다.

성 프란치스코와 구분되는 모습을 의도적으로 강조하기 위해,

작가는 아기 예수님을 등장시키고 있다. 외양으로만 봐서는, 안고 계신 아기 예수님과 손에 든 백합꽃만이 성 프란치스코와 성 안토니오를 구분하는 요소로 보인다. 이 모델은 후대 스페인 바로크 화가인 바르톨로메 에스테반 무리요(Bartolomé Esteban Murillo, 1618-1682)에게 전수되어 화려한 꽃을 피우게 되었다.

천사의 도움을 받는 성 프란치스코
(St Francis Supported by an Angel)

오라치오 젠틸레스키(Orazio Gentileschi, 1563-1639)
1603, 캔버스 유채 126 X 98cm, 스페인 마드리드 프라도(Prado) 미술관

이 작품은 교회의 부패에 대한 반발로 시작된 마르틴 루터의 종교 개혁이 진행된 후에, 가톨릭교회가 자신의 잘못을 통감하면서 자정自淨의 목표로 시작한 반종교개혁(Counter-Reformation) 운동에 동참했던 작가의 작품이다. 성 프란치스코는 중세 성인으로 가장 그리스도를 닮은 삶을 사셨기 때문에, 자연스럽게 개혁의 모델로 등장하게 되었다. 그러나 수도회의 회원들이 늘어나 대형화되고, 창설자의 정신은 빛을 잃어 수도회는 안일에 빠져 복음적 생기를 잃게 되었다. 그런 시기에 창설자의 정신에 철두철미 투신하고자 하는 새로운 개혁 세력이 일어나게 되는데, 이들이 바로 카푸친 형제들이다. 작가는 성 프란치스코를 너무나 좋아했기 때문에 이 작품 외에도 성 프란치스코에 관련된 작품을 여러 개 남겼다. 그는 성 프란치스코에게 긴 고깔이 있는 카푸친 수도복을 입혔다. 작가가 판단하기에 카푸친 형제들이 가장 프란치스코의 정신에 투철하게 생활하는 제자단이라 평가하였기 때문이다.

　주님이 받으셨던 다섯 상처를 자신의 몸에 받은 성 프란치스코는 몸이 탈진한 상태에서 무아경에 빠져 있다. 주님의 십자가 고통을 나누었다는 감동에, 그는 심한 충격과 감격을 느끼며 무아경에 빠졌다. 그런 상태의 프란치스코를 그의 수호천사가 부축하며 위로하고 있다. 오상은 그에게 있어 극히 형식적이고 상징적인 것이었고, 귀부인의 십자가 목걸이 같은 표식이 아니라 주님의 수난을 가장 고통스러우면서도 감동적으로 체험하는 신앙 체험의 한 방식이었다. 게다가 작가는 성 프란치스코의 손에 있는 오상을 조그만 못 자국으로 보이게 하고, 핏빛도 아닌 보통 색깔로 표현한다. 오상이라는 신체적 고통을 강조하기보다는 그가 겪어야 했던 심리적인 고통을 더 강조하기 위해서이다. 그렇게 고뇌에 찬 탈진한 모습을 더욱 강조한다. 이것은 주님께서 십자가에 못 박히기 전날, 올리브 동산에서 겪으셨던 체험과 연결되고 있다. 작가는, 오늘날에도 그리스도를 가장 많이 닮은 성인으로 평가되는 성 프란치스코를 나름대로 해석하여 주님의 올리브 동산의 체험과 오상 체험을 연결시키고 있다.

성경은 다음과 같이 전하고 있다.

그러고 나서 돌을 던지면 닿을 만한 곳에 혼자 가시어 무릎을 꿇고 기도하셨다. "아버지께서 원하시면 이 잔을 저에게서 거두어 주십시오. 그러나 제 뜻이 아니라 아버지의 뜻이 이루어지게 하십시오." 그때에 천사가 하늘에서 나타나 그분의 기분을 북돋아 드렸다(루카 22,41-43).

이런 관점에서 보면, 작가에게 이 작품은 단순한 성화가 아니라 교훈적인 성격을 크게 강조하는 작품이다. 자신의 과오를 인정하고 다시 시작하고자 노력하는 교회에 힘을 실어주기 위해, 작가는 나름대로 복음을 해석하여 시대 상황에 어울리는 복음을 선포하는 걸작을 그린다. 빛과 어둠의 마술사로 평가되는 카라바조 화풍을 이어받은 작가는, 하느님을 향한 여정에서 우리가 체험하는 빛과 어둠을 이 작품을 통해 매우 정확하고 감동적으로 표현한다.

프란치스코의 모습은 전체적으로 어둠에 싸여 있다. 이것은 성인이 겪어야 했던 영적인 어둠을 표현하고 있다. 빛을 향한 어둠이요, 희망을 거슬러 희망하는(Contra spem, in spem) 그리스도의 정확한 분신을 보여주는 모습이다. 게다가 이것은 오늘날도 많이 퍼져 있는, 성 프란치스코에 대한 왜곡된 모습에 강하게 반발하는 성격을 띠고 있다. 많은 사람들이 프란치스코를 너무 낭만적이거나 지나친 이상주의자로 표현한다. 새들과 이야기하고, 사나운 늑대를 길들이며 유유자적하게 살아가는 이로 보고, 현실적인 삶에 대한 책임에서 면제된, 그런 책임 없는 자유인의 모습으로 그리는 경우가 많다.

성인이 살았던 진솔한 모습, 예를 들어 맨발의 성자의 모습, 봉두난발하고 비 오는 진흙탕에서 뒹구는 기인(奇人)의 모습 등, 이런 현실적인 모습이 배제된 성인상이 대종을 이루고 있다. 그러나 성인은 받아들이기 어려운 냉엄한 현실 앞에서 너무도 많은 고통을 받고 고뇌하던 분이셨다. 기절 상태에 있는 성 프란치스코를 감싸고 있는 어두움과 무거움은 성인이 겪으셨던 이런 현실적인 고통과 고뇌를 표현한다. 하지만 성인은 오상을 받으면서 자기의 이상이 실패한 것이 아니라 예수님의 여정을 따르는 하나의 과정임을 알게 되었다.

　오상의 고통과 충격으로 기절 상태에 빠져 있는 성인을 천사가 부축하고 있다. 천사는 전통적인 회화에서 나오는 모습 그대로 날개를 달고 있다. 19세기 프랑스 사실주의 화가였던 귀스타브 쿠르베(Jean-Désiré Gustave Courbet, 1819-1877)는 천사에 대해 다음과 같이 말했다. "나는 천사를 본 적이 없기에 그릴 수가 없다." 성경 여러 곳에 천사에 대한 언급이 있으나, 천사는 철저히 영적 존재이기 때문에 그 모습을 상상할 수 없고, 현재에 보이는 천사들의 모습은 철저히 서구 문화 예술의 영향으로 그려진 것이다.

　6세기 초에는 디오니시오Dionysius 성인이 성경에 나오는 천사들 이름을 이용하여, 구품九品 천사 계보를 만들었다. 그가 구분해

놓은 천사품은 세라핌, 케루빔, 좌품, 권품, 능품, 역품, 주품, 대천사, 천사로 나누는 아홉 등급이다. 프란치스코 전기에 나타나는 천사는 세라핌 천사로 되어 있다. 천사의 역할은 하느님의 뜻을 전하고, 인간을 보호하며, 악을 무찌르는 역할이다. 여기에 나타난 천사는 하느님의 뜻을 전하고 탈혼에 빠진 프란치스코를 위로하는 모습으로 나온다. 오상을 받은 성 프란치스코는 탈진 상태에서 천사의 부축을 받고 있다. 천사의 가슴에 얼굴을 묻고 있는 그는 안쪽으로 빛이 전혀 비치지 않는 어둠의 모습을 하고 있다. 이것은 오상을 받은 프란치스코가 십자가에서 숨을 거두신 그리스도와 같은 모습임을 강조하려는 것이다.

그런데 프란치스코를 부축하고 있는 천사의 오른 손목에는 더없이 밝은 빛이 들어오고 있다. 게다가 천사의 팔목은 가냘프게 보이는 천사의 몸짓과 달리, 튼튼한 장정의 팔목처럼 힘 있어 보인다. 이것은 하느님께서 굳센 능력으로 프란치스코를 보호하고 지키신다는 표시이다. 그리스도의 오상을 받음으로써, 성인은 더없이 허탈한 그의 마음속에, 하느님께서 위로의 천사를 보내시어 부활하신 그리스도처럼 새 생명으로 다시 일어나리라는 암시를 받고 있다. 천사의 힘찬 팔목에 쏟아지고 있는 빛은 하느님께서 프란치스코에게 약속하신 희망의 상징이다.

나는 세상의 빛이다. 나를 따르는 이는 어둠 속을 걷지 않고 생명의 빛을 얻을 것이다(요한 8,12).

예기치 못했던 어려움 앞에 좌절했던 프란치스코는 그리스도의 고통과 일치하는 오상 체험을 통해, 그의 이상을 향해 중단 없이 나아감으로써, 새로운 생명으로 부활하신 주님의 승리에 동참하게 된다. 이 작품은 비록 어둠이 일시적이라 하더라도, 엄연한 현실인 어둠에 직면하고 있는 교회에 중대한 희망의 메시지를 던지고 있다. 프란치스코에게 오상을 베푸시고 그를 지켜 주신 주님께서는 자신의 약점 속에서도 당신을 꿋꿋이 따르고자 하는 사람들에게 변함없는 사랑과 희망으로 현존하고 계시다.

내가 세상 끝날까지 언제나 너희와 함께 있겠다(마태 28,20).

성 프란치스코
(The Ecstasy of Saint Francis)

프란체스코 데 수르바란(Francisco de Zurbaran, 1598-1664)
1658, 캔버스 유채 64X 53cm, 독일 뮌헨 고대 미술관(Alte Pinakotek)

    수행으로 다듬어진 성인. 모든 예술 표현이 다 그렇듯, 성화에서도 그 시대성과 관람자의 취향이 큰 영향을 미치게 된다. 마치 수도 생활의 핵심적 가치 중 하나인 가난의 강조가 시대에 따라 이완되었다가 다시 쇄신되는 것처럼, 성 미술도 그와 같이 영향을 받아 늘 변하는 것으로 드러난다.

    16세기부터 스페인 화풍은 유럽에서 두각을 나타낸다. 스페인이 네덜란드를 지배하고 그곳의 화풍이 접목되어, 스페인 화풍은 르네상스를 선도하던 이탈리아를 앞질러 유럽의 선두 주자가 되었다. 독일에서 일어난 종교 개혁에 반대하는 세력으로, 교회 쇄신과 개신교 세력의 차단을 목표로 등장한 반종교개혁이 그 정신과 실천에 있어서 가장 활발했던 곳이 바로 스페인이었다. 이때 부패로 추락한 교회의 위상을 회복할 수 있는 성인으로, 사도 안드레아와 성 프란치스코가 등장하게 된다. 특히, 성 프란치스코는 서민적이면서도 복음을 투철하게 사셨던 아름다운 생애 때문에 많은 작가들이 작품 소재로 채택하였다.

　작가는 스페인 세비야Sevilla 출신으로 펠리페 4세Felipe IV의 총애를 받는 궁정 화가였다. 그는 화려한 인생을 살며 주로 성인들이나 고행자를 소재로 한 인물화를 많이 그렸다. 작가는 이 작품에서 자기 나름대로의 신앙과 염원을 표현하고자 했다. 어느 시대나 그렇듯이, 이 시대의 성화 역시 영적인 활력이나 감동을 주는 성인보다는 누구나 부담 없이 즐길 수 있는, 관상용 수준의 예쁘장한 모습을 지닌 성인을 많이 그리게 된다. 성인의 영웅적인 삶이나 희생의 내용은 이야기의 주제로서는 괜찮지만, 이런 성인의 삶과 희생을 실천으로 옮긴다는 것은 무척 부담스럽다. 게다가 부담스럽지 않은 성인에 대한 세속적 갈망이 자라고, 이런 기대에 부응하는 차원에서 화가들도 사람들에게 인기를 끌 수 있는 성인상을 그리기 시작했다.

　작가는 이런 면에서 시대적인 취향을 거슬러 작품을 제작하는 신념이 강한 사람이었다. 다른 작품들이 프란치스코를 골치 아픈 세상사를 초월한 천하태평의 모델로 제시하고, 그의 낙천적인 삶을 일방적으로 강조하는 것이, 수행자인 성인의 모습을 가리는 것임을 작가는 안타깝게 여겼다. 그래서 작가는 이 작품에서 성인을 수행자의 모습으로 강조하려고 하였다. 그는 성 프란치스코에 관해 15개의 작품을 남길 만큼 성인을 사랑했다. 다른 작가들이 흔히 그렸던, 보기 좋은 성인보다는 생전의 성인처럼, 사람들에게 복음적 감동을 줄 수 있는 성인으로 부각시키고자 했다. 이 작품은 이런 의도에서 가장 단순하고 열정적인, 생전의 모습 그대로 성인을 읽게 만들었다.

작가는 반종교개혁을 위해 교회가 스스로 철저히 개혁하려고 했던 교회의 의지를 분명하게 표명하였다. 트리엔트 공의회(Concilium Tridentinum, 1545-1563)가 프로테스탄트 교도들이 공격하는 가톨릭 교리에 대해, 하나하나 명확히 규명하기 위해 개최된다. 작가는 공의회의 결정대로 모든 예술 작품을 신앙을 쇄신하는 데에 도움이 되는 방향으로 제작하고 신비주의와 극기의 정신을 반영코자 했다. 성인은 밝은 채광으로 인해 색이 분명히 드러나는 갈색의 수도복을 입고 있다. 갈색의 수도복은 프란치스칸의 상징이지만 다른 작품에서는 암갈색으로 표현되는 경우가 많아 수도회의 특징이 잘 드러나지 않는다. 여기서는 갈색이 분명히 드러나게 하여, 프란치스코야말로 삶 자체로 복음을 증거하였던, "살아 있는 복음"임을 강조하려는 작가의 의도를 보게 한다.

"하느님께서 흙의 먼지로 사람을 빚으시고, 그 위에 생명의 숨을 불어넣으시니"(창세 2,7)라는 말씀처럼, 흙은 바로 인간의 실상이고 아무것도 없게 하는 무無와도 같다. 흙으로 빚어진 인간은 자신의 능력에 자만할 때도 있고, 하느님이 주신 능력을 마치 자기 것인 양 착각하여 과시하고픈 유혹을 받을 수 있다. 영적인 삶을 사는 사람은 인간의 실상이, 흙덩이에 하느님의 영이 깃들인 것임을 알기 때문에, 항상 자기 안에서 말씀하시는 하느님의 영靈의 목소리를 듣고 살아간다. 작가는 프란치스코야말로 인간이 무엇임을 자기 삶으로 정확히 알려준 성인임을 표시하려고 하였다. 그러기 위해 흙의 색인 갈색 수도복을 선명히 강조했다. 성인이 입고 있는, 거친 질감의 수도복에는 십자가나 다른 어떤 종교적인 표시도 없다. 이것은 "그리스도 외에는" 다른 어떤 것에도 관심이 없는, 성인이 순수한 열정으로 살았던 삶의 단순성을 제시하고 있다.

성인은 오른손을 자기 가슴에 두고 있다. 이것은 하느님을 모시는 그릇으로, 인간 마음이 지닌 중요성을 보여 준다. 성경에서 마음은 인간의 내면을 담는 그릇이다. 성경 속의 인간관에 따르면, 마음은 의식과 지성과 자유를 구비한 인격의 원천이다. 게다가 인간이 결단을 내리는, 양심의 법이 기록된 곳이고, 하느님께서 신비로이 작용하시는 곳이다.

그들의 양심이 증언하고 그들의 엇갈리는 생각들이 서로 고발하기도 하고 변호하기도 하면서, 그들은 율법에서 요구하는 행위가 자기들의 마음에 쓰여 있음을 보여 줍니다(로마 2,15).

하느님께서는 사랑하시는 백성인 인간들이 "마음을 다해 그분을 찾을 것"을 강조하셨다.

이스라엘아, 들어라! 주 우리 하느님은 한 분이신 주님이시다. 너희는 마음을 다하고 목숨을 다하고 힘을 다하여 주 너희 하느님을 사랑해야 한다(신명 6,4-5).

그러나 원죄로 상처받은 인간의 마음자리는 "부서지고 꺾인 마음"(시편 51,19)이기 때문에, 하느님께로 나아가기 위해서 "깨끗한 마음"(시편 51,12)이 되도록 끊임없이 자신을 정화해야 한다. 이것이 바로 성 프란치스코가 행한 가르침의 핵심인 회개이다. 작가는 성인이 오른손으로 자기 가슴을 가리키는 자세를 통하여, 관객들로 하여금 예수님의 마음으로 돌아가도록 초대한다. 마음이 깨끗한 사람은 하느님을 뵙게 되리라고 예수님께서 약속하셨다(마태 9,2). 여기에서 깨끗한 마음이란 주님의 자비에 의해 죄를 용서받은 사람이 지닌 마음이다. 게다가 이것은 성인이 회심하신 후에 동굴에서 자주 바치셨던, 성 다미아노 십자가 앞에서 드린 기도를 상기시킨다.

오, 높으시고 영광스러운 하느님,
제 마음의 어두움을 비추어 주소서.

주님, 당신의 거룩하고 참된 명을 실천할 수 있도록
올바른 믿음과 확실한 희망과 완전한 사랑을 주시며
감각과 깨달음을 주소서. 아멘.

　성인은 왼손을 해골 위에 놓고 있다. 해골은 작가가 성인을 그린 다른 작품에서도 많이 등장하는 소재이다. 유명한 〈묵상하시는 프란치스코〉라는 작품에서도 해골을 응시하며 무릎을 꿇고 있는 성인의 모습을 그리고 있다. 해골은 전통적으로 인생의 실상을 추구하는 묵상의 주제였다. 성인은 흙과 같이 보잘것없는 자신이 아직도 죄의 그늘에서 벗어나지 못한 죄인임을 통감한다. 성인은 하느님의 사랑과 자비만이 자신를 구원할 수 있다는, 지극한 겸손을 표현하고 있다. 죄는 죽음의 상징이고, 그리스도가 십자가에서 죽음으로써, 모든 믿는 사람들이 죽음의 실패를 내딛고 승리하였으며 다시 부활한 생명을 되찾으리라고 성인은 굳게 믿었다.

작가는 여기에서 프란치스코 성인의 삶에서 볼 수 있는 극단적인 고행과 극기는 세상의 눈으로 보면 죽음의 표현과 같다고 말한다. 하지만 이것을 사도 바오로가 말하는 세례 신학과 접목시켜 생명의 신학으로 되살린다.

이와 같이 여러분 자신도 죄에서는 죽었지만 그리스도 예수님 안에서 하느님을 위하여 살고 있다고 생각하십시오(로마 6,11).

작가는 "주님 육화와 수난의 사랑이 그를 사로잡아 다른 것은 생각하고 싶지도 않았던"(「1첼라노」 84) 성인의 모습을 성 바오로의 세례 신학과 연결시켰다. 해골은 전통적 의미에서 말하는 죽음의 상징이 아니다. 그리스도의 죽음이 가져온 생명의 상징이 되기도 한다. 이 작품에서의 해골은 바로 죽음으로 이어지는 부활한 생명을 표현한다. 작가는 '스페인의 카라바조'라 불리고 있듯이, 명암의 극적인 효과를 한껏 활용한다. 작품을 보면, 어두움이 감싼 배경 안에서, 천상을 관조하는 성인의 얼굴과, 가슴을 가리키는 손, 그리고 해골의 머리 위에 빛이 쏟아지고 있다. 작가는 성 프란치스코가 그리스도의 죽음과 생명의 신비를 자기 삶으로 체험한, "새로운 그리스도"임을 감동적으로 제시한다.

폴리뇨의 마돈나
(The Madonna of Foglino)

라파엘로 산치오(Raphaelo Sanzio, 1483-1520)
1511-1512, 유채 320 X 194cm, 바티칸 바티칸 미술관(Musei Vaticani)

예술의 중요한 기능 중 하나는 삶을 즐겁게 하는 것이다. 성 미술이 성경의 내용을 담고 있는 교훈적인 것이라는 인식 때문에, 즐거움의 관점에서 접근하는 것이 불경까지는 아니더라도, 좀 어색하게 느껴질 수 있다. 하지만 이것은 사실이 아니다. 하느님은 모든 즐거움의 원천이시기 때문에, 성 미술은 인간에게 차원 높은 즐거움을 선사할 수 있다. 이런 관점에서 보면, 이 작품은 크리스천으로서 삶의 즐거움과 기쁨의 원천으로 우리를 초대하는 작품이다. 작가는 예술의 역사를 통틀어 성모님에 대한 수작(秀作)을 가장 많이 남긴 작가로 평가받는다. 게다가 그는 교황을 위시해서 많은 사람들로부터 사랑과 존경을 한 몸에 받았고, 더없이 행복한 삶을 살았던 예술가 중 하나이다. 이런 행복 체험은 그의 작품에도 고스란히 드러난다. 그의 작품 앞에 서면 어떤 교훈을 받기 이전에, 어머니의 품처럼 포근하고 아늑하며 경쾌함마저 느끼게 된다. 이 작품은 이런 정서와 감동을 주는, 작가의 삶에서 비중 있는 걸작이다.

이 작품은 교황 율리우스 2세(Pope Julius II)의 비서로 일했던, 시지스몬도 데 콘티Sigismondo de' Conti라는 이가, 하느님께로부터 받은 은혜에 감사하는 마음으로 봉헌한 제단화이다. 교황의 비서직은 당시 사회에서 얻을 수 있는 최고의 직분 중 하나였다. 그러나 모든 행복이 보장된 것 같은 그의 삶에, 어느 날 참으로 이해하기 어려운 날벼락이 떨어졌다. 그의 고향집에 실제 벼락이 떨어진 것이다. 이 벼락의 피해는 상상할 수 없이 커서 집 안에 있던 많은 사람이 생명을 잃었다. 마침 그곳에 머물고 있던 봉헌자만은 용케도 피해를 입지 않았다. 그는 이 일에 대한 감사의 마음으로 제단화를 봉헌하기로 결심한다. 그는 이 제단화를 당시 유럽 최고의 인기와 명성을 얻고 있던 작가에게 부탁했다. 작가 역시 교황의 남다른 총애를 입으며 성숙한 작품성을 발휘하던 시기를 보내던 차에, 교황청의 실세였던 봉헌자의 요청을 흔쾌히 수락하였고, 이 작품을 완성한다. 행복한 삶을 살던 사람에게 갑자기 불행이 들이닥쳤는데, 그는 그 불행 속에서 경험한 작은 행운을 신앙으로 승화시켜 작품을 제작한다. 이 작품에서 우리는 거룩함 앞에서 느끼는 경외심보다, 하느님의 보호 아래 살아가는 사람이 겪는 깊은 행복 체험을 느낄 수 있다.

　　중앙에 아기 예수님을 품에 안은 성모님께서 구름을 타고 계시다. 품에 안긴 예수님은 하느님의 아들이라기보다, 어머니의 사랑을 담뿍 받으며 자라는 어린 아기의 모습이다. 다른 여느 작품에서처럼 손으로 관람자를 축복한다든가, 미래의 십자가 죽음을 예고하는 것 같은, 어떤 교훈적인 제스처가 전혀 없다. 마냥 행복한 표정으로 어리광을 피우는 모습이다.

　　성모님 역시 다른 작품에서 많이 나오는 '은총이 가득하신 하느님의 어머니'라기보다, 좋은 아들을 둔 행복한 어머니의 모습이다. 마음껏 어리광을 피우는 아들을 안은 행복한 여인이다. 여인의 가장 큰 행복이 사랑하는 자기 아이을 바라보는 것이라면, 이 성모님은 한 여인으로서 더없이 행복한 순간에 서 계시다. 그러나 이 모자母子는 세상에서 흔히 보는 예사로운 모자가 아니다. 그들을 감싸고 있는 오렌지 빛 후광과 함께, 그 주위를 하늘빛의 천사들 한 무리가 둘러싸고 있는 것으로 알 수 있다. 이 천사들은 성경 여러 곳에 나오는, 하느님의 뜻을 전하는 가브리엘, 라파엘, 미카엘 천사들이 아니다. 그리스 신화에 나오는, 당시 사람들의 뇌리에도 살아 있는 사랑의 신, 큐피드Cupid이다. 행복한 어머니와 아들의 모습으로 계신 성모자에게 후광이 둘러 있어 천상의 존재임을 상기시킨다. 게다가 그 주위를 하늘빛의 큐피드들이 둘러싸고 있어, 천상의

행복과 지상의 행복을 조화시키고 있다. 영성적 삶의 행복은 세상의 행복과 동떨어진 어떤 차가운 것이 아니다. 오히려 너무나 아늑하고 따뜻한 행복임을 암시한다.

집에 벼락이 떨어졌으나 무사히 살아남은 것에 감사하는 마음으로, 기증자는 제단화를 봉헌한다. 이 기증자의 마음을 표현하듯 아기 천사가 손에 현판을 들고 서 있다. 문구가 보이지는 않지만, 기증자가 하느님께서 자신의 생명을 지켜 준 것에 대한 감사의 내용을 담고 있다. 천사는 바로 이 기증자의 마음을 하느님께 봉헌하는 역할을 하고 있다.

라파엘로의 작품에는 유난히 아기 천사들이 많이 등장한다(《식스토의 마돈나》 참조). 이것은 장식적인 효과를 위해서가 아니라, 작품이 표현하고자 하는 삶의 기쁨과 행복을 간접적으로 전달하려는 것이다. 이 작품의 전체적인 분위기상 천사가 없다면, 여느 성화들처럼 성모자를 위시해서 많은 성인들이 있기 때문에, 분위기가 매우 장중하고 경직될 수가 있다. 기증자의 마음을 전달하는 데 다소 어색할 수 있었지만, 이 천사들로 인해 이런 무거운 분위기를 피할 수 있었다.

천사들의 옹위 속에 앉아 계시는 성모자 아래쪽으로, 오른쪽에 세례자 요한과 아씨시의 성 프란치스코가, 왼쪽에 빨간 옷을 입

은 이 작품의 봉헌자가 무릎을 꿇고 성모자를 경배하고 있다. 푸른 옷을 입고 천사의 표지판을 가리키고 있는 이는 예로니모 성인이다. 세례자 요한은 다른 사람들과 관객들을 향해 주님을 바라보라는 손짓을 하고 있다. 이것은 성경에 나오는 다음의 말씀으로, 주님을 예고해야 하는 자신의 역할을 보여 준다.

보라, 세상의 죄를 없애시는 하느님의 어린양이시다. 저분은

"내 뒤에 한분이 오시는데, 내가 나기 전부터 계셨기에 나보다 앞서신 분이시다" 하고 내가 전에 말한 분이시다(요한 1,30).

　세례자 요한 앞에서 아씨시의 성 프란치스코가 한 손을 땅으로 향한 채, 다른 한 손에 십자가를 들고 있다. 땅을 가리키는 것은 「태양 형제의 노래」에서처럼 세상 만물이 바로 하느님의 작품임을 소개하고, 관객들에게 하느님을 찬미하도록 초대하는 것이다. 십자가는 프란치스코가 그리스도를 향해 지녔던 사랑을 표현한다. 성인의 전기를 쓴 첼라노는 다음과 같이 성인의 행적을 전하고 있다. "나는 더 이상 필요한 것이 없습니다. 나는 불쌍하게 십자가에 달리신 가난하신 그리스도를 알고 있습니다"(「2첼라노」 105).

　불같은 열정을 지닌 예로니모 성인은 세상 사람들에게 주님을 전하기 위해 베들레헴 동굴에 은거하며, 오늘날 우리가 보고 있는 성경을 라틴어로 처음 번역한 분이다. 성인은 든든한 신앙인의 상징으로 추앙받는다. 이 작품에서는 그리스도를 성실히 따르는 이들의 모범으로 제시되고 있다. 앞에서 이미 언급했듯이 작가는 작품의 특성으로 더없이 화려하고 인간적인 면을 강조한다. 그런 가운데서도 성인들을 통해 신앙을 성장시키려는 교훈을 전하고 있다. 성 예로니모는 세례자 요한의 손짓과 다르게, 손으로 천사가 들고 있는 현판을 가리키며 보라고 초대한다. 성인은 관람자들을 자기가 받은 은혜에 감사하라고 초대한다. 성 예로니모가 보라고 가리키는, 천사가 들고 있는 현판에 쓰인 '감사의 내용'은 다음 시편을 상기시킨다.

내 영혼아, 주님을 찬미하여라.
내 안의 모든 것들아, 그분의 거룩하신 이름을 찬미하여라.

내 영혼아, 주님을 찬미하여라.
그분께서 해 주신 일 하나도 잊지 마라.

네 모든 잘못을 용서하시고
네 모든 아픔을 낫게 하시는 분.

네 목숨을 구렁에서 구해 내시고
자애와 자비로 관을 씌워 주시는 분.

그분께서 네 한평생을 복으로 채워 주시어
네 젊음이 독수리처럼 새로워지는구나

내 영혼아, 주님을 찬미하여라.
그분께서 해 주신 일 하나도 잊지 마라(시편 103,1-5.2).

마지막으로 왼편 아래쪽에, 붉은 옷차림으로 무릎을 꿇은 사람이 바로 이 작품의 봉헌자이다. 봉헌자가 자신의 모습을 드러내는 것은 "오른손이 하는 일을 왼손이 모르게 하라"는, 겸손에 어긋나고 자기를 과시하려는 표현처럼 보일 수도 있지만 사실은 그렇지 않다. 이 작품은 봉헌자가 경험한 구체적인 생활 체험을 통해 감사의 내용을 명확히 제시한다. 하느님께 항상 감사하는 데에 천재적 감각을 지녔던 여러 성인들을 동원하고, 크리스천다운 감사를 통해 얻어지는 행복한 삶을 소개한다. 이런 가르침은 오늘날 우리에게 큰 감동을 준다.

탈혼 중의 성 프란치스코
(Saint Francis in the Desert)

조반니 벨리니(Giovanni Bellini, 1430-1516)
1480, 템페라 유채 124.4 X 141cm, 미국 뉴욕 프릭(Frick) 컬렉션

성 프란치스코 생애 말년에 라 베르나 산에서 발생한 오상 체험은 신비적인 성격으로 보기 이전에, 삶의 절정 체험으로 보아야 할 것이다. 성인은 이 체험을 통해 자신이 온전히 주님과 일치되었음을 확인할 수 있었다. 그의 생애 끝 무렵에 있었던, 모든 인간적인 갈등에 대한 해답을 주님이 걸어가셨던 삶의 여정에서 찾을 수 있었다. 프란치스코와 관련된 성지 중에서 라 베르나는 단연코 최고 우위를 차지한다. 세계적으로 알려져 있지 않은 생소한 곳인, 베네치아의 산 프란체스코 델 데세르토San Frnacesco del Deserto라는 곳이 있다. 전승에 의하면 성인 생전에 그곳을 방문하여 기도하셨기 때문에, 이탈리아 북부에서는 중세 시대부터 성 프란치스코의 순례지로 알려져 있었다.

이 작품은 오늘날까지 이 성지를 지키고 있는 프란치스칸들과 깊은 친분을 유지하고 있는, 베네치아의 귀족인 주안 미키엘Juan

Michiel이 주문하여 제작된 것이다. 화풍에 있어서도 유별난 특성이 있다. 작가가 활동할 당시 베네치아는 피렌체와 함께 르네상스 예술의 전성기를 구가하던 때였다. 이 작품은 티지아노의 화풍처럼, 원근법을 강조하는 피렌체 화풍과 완전히 다르다. 화려한 색채 처리로 그림 자체가 주는 즐거움을 만끽하는 경향이 베네치아에서는 유행하고 있었다. 작가는 주제의 특수성을 배려해서인지 당시 유행하는 화풍을 피해, 플랑드르Flanders 화파의 영향을 도입한다. 이곳은 현재 벨기에 서부, 네덜란드 남서부, 프랑스 북부를 포함한, 북해를 접하고 있는 중세 국가로, 찬란하고 고유한 화풍을 일으켜 남부 유럽까지 영향을 주었다. 이런 시도로 작가는 독자를 단순히 아름다운 상념에 빠지게 만드는 것이 아니라, 성 프란치스코가 경험한 삶의 절정 체험으로 완전한 기쁨을 표현하는, 차원 높은 메시지를 던지고자 했다.

작가는 복음을 완벽히 따랐던 성인이 살았던 삶의 모습을 정확하게 제시하기 위해서 많은 자연적 상징들을 도입한다. 작품에 나타나 있는 나무와 동물 하나하나에 상징적 의미를 부여한다. 작가는 성인이 살았던 생애의 한 부분이 아니라, 생애 전체의 의미를 표현하도록 작품을 제작했다. 이런 면에서 이 작품은 단순히 오상 체험뿐만 아니라 성인의 생애 전체를 압축 요약한 것이라 말할 수 있다.

　황홀경에 빠진 성인께서는 하느님이 만드신 작품인, 펼쳐진 자연 앞에 자신을 완전히 개방한 모습으로 태양을 향해 서 있다. 성인은 불교식 표현으로 모든 번뇌와 망상에서 해방되어 해탈의 경지에 이른 모습이다. 성인의 곁에는 성인을 새로운 경지에 이르도록 도와 준 여러 가지 도구들이 있다. 그건 바로 독서대 위에 놓여 있는 성경과 해골이다. 성경은 하느님의 말씀이기 때문에 성인에게 최고 규범이요, 유일한 규범이다. 성경이 성인의 삶에서 얼마나 중요한지는 더 말할 필요가 없다. 여기에 놓인 성경은 펼쳐진 것이 아니라 덮여 있다. 이것은 작가가 의도적으로 표현한 것으로 현대 영성에서 기도 생활을 심화하려고 하는 이들에게 제시하는 원칙과 일치한다. 초심자가 차원 높은 기도의 경지에 오르기 위해서는 묵상, 관상, 영적 독서와 같은 것에 몰두해야 한다. 하지만 하느님과 일치의 경지에 이르렀을 때는 이런 수준을 떠나 오로지 주님 한 분만으로 만족해야 한다는 가르침이다. 또한 덮여 있는 성경은 프란치스코가 하느님과 온전한 일치를 체험하는 경지에 이르렀기에 범인의 경지에서 완전히 해방되었음을 상징한다. 연습을 통해 수영을 충분히 익힌 사람은 굳이 수영하는 수고를 하지 않고도 편안히 물 위에서 휴식을 취할 수 있는 것처럼, 성인 또한 하느님 은총의 충만한 경지에서 영성적으로 즐기고 있음을 표시한다.

　독서대 위에 놓인 해골은 주님이 걸으신 갈바리아의 상징이다. 성인이 세상의 모든 어두움과 슬픔에서 해방되어, 해탈의 경지에

이르기 위한 여정을 말하고 있다. 한마디로 성인이 느끼는 지복직관의 경지는 결코 값싼 은총이나 요행이 아니라 주님이 겪으셨던 그 모든 아픔과 절망과 고통의 갈바리아를 받아들인 결실이라는 것을 말하고 있다.

성인의 생애 말년은 인간적으로 큰 실패로 여겨질 만큼 참으로 고통과 괴로움의 연속이었다. 성인은 처음에 주님께 향한 사랑 때문에 자기 삶의 여정을 근본적으로 바꿀 수 있었다. 오로지 복음 하나만으로 살 수 있는 삶을 시작했다. 성인이 그런 삶을 살자 향기로운 꽃을 찾아 벌이 모이듯 많은 제자들이 모이기 시작했고, 이들과 함께 살기 위해 복음에 바탕을 둔 형제단을 만들었다. 저절로 형제들의 수효가 많아졌다. 그러면서 예기치 못한 어려움에 직면하게 되었다.

복음을 몸으로 산다는 것은 참으로 힘든 여정이다. 십자가의 실천을 하지 않는 복음의 삶은 수도 생활이라는 화려한 포장지로 싸여 멋지게 보이는 허상의 삶이다. 게다가 수도 생활을 하는 이들 중에 십자가가 없는, 허상과 같은 그런 삶을 그리워하는 사람들이 많아지게 되었다. 이들은 이제 프란치스코를 자기 이상에 따라 살아가는 데 걸림돌이 되는 방해물로 여기게 된다. 수도회를 이끌어가는 성인은 말하지 못할 고통과 번민에 빠지게 되었다. 「성 프란치스코의 잔꽃송이」에 나오는 '완전한 기쁨'에 대한 교훈은 성인이 갈망하던 이상이었지만 그 이전에 자신의 체험일 수 있다. 그만큼 성인은 괴로움을 겪었고, 수난의 길을 걸었던 주님의 삶과 닮은 모습으로 변화될 수 있었다. 해골은 바로 성인이 예수님의 모습으로 변화되기 위해 겪어야 했던 십자가 체험의 상징이다.

성인이 기거하던 오두막의 천정을 향해 오르는 세 줄기의 포도는 하느님을 향해 정진하던 성인의 강한 영적 열망을 표시하고 있다. 성인이 머물던 오두막집은, 이스라엘 백성이 광야를 헤맬 때 동행했던, 계약의 궤를 모신 장막을 상징한다. 모세가 호렙 산에서 하느님을 만날 때 신발을 벗은 것처럼(참조: 탈출 3,1-10) 성인도 맨발을 드러낸다. "내 기쁨 내 즐거움이신 하느님께 나아가리다"(시편 42,3)라는 찬양 시편의 내용을 암시하고 있다.

성벽을 끼고 있는 무화과나무는 성인에 대한 여러 가지 모습을 복합적으로 제시하고 있다. 성경 전승에서 무화과는 범죄와 육욕의 상징이라는 부정적인 면과, 번영과 구원이라는 긍정적인 면이 있는데 작가는 긍정적인 차원으로 이 부분을 표현했다. 이 작품에서 무화과나무는 이스라엘 백성을 이집트의 종살이에서 해방시켜 가나안 복지로 인도했던 민족 지도자인 모세Moses를 암시한다. 야훼만이 참된 하느님이심을 증거하기 위해 엄청난 도전을 했던 엘리야Eliah를 상징하기도 한다. 하지만 무엇보다 오상을 받음으로써 그리스도를 가장 완벽히 닮은, 충실한 제자인 성 프란치스코를 상징하고 있다.

청로 한 마리와 당나귀, 이 두 동물은 모두 고독의 상징이다. 하느님께로 나아가는데, 고독은 필수적인 여정이기 때문에, 불교의

법구경에서도 구도救道의 길을 걷고자 하는 사람은 여정에 동반할 친구(道伴)도 필요하지만 어느 시점에선 "외뿔소처럼 홀로 걷기"를 해야 한다고 가르친다. 성인 역시 긴 고독의 여정을 거쳤고, 오상을 통해 주님과 일치하는 체험을 하게 되었다. 이처럼 영적인 삶에서 고독은 여행길의 당나귀처럼 필수적이다. 게다가 당나귀는 성인이 오상 체험을 하는 라 베르나 산에 오르실 때, 함께 동반했다. 성인에 대한 존경심이 대단했던 작가는 이것을 확대 해석해서 주님이 수난하려 예루살렘에 입성하실 때 탔던 당나귀로 표현하고 있다(루카 19,28-36). 성인은 말년에 자기의 육신을 당나귀로 표현하신 적이 있다. 작가는 이것을 역설적으로 표현한다. 성인은 여느 평범한 인간처럼 약함에서 면제되지 않는다. 그저 하느님의 도움을 받았을 뿐만 아니라, 그에 상응하는 초인적인 노력을 하였음을 나타낸다.

그리 넓지 않는 초원에서 양들을 인도하고 있는 목자는 이스라엘 백성을 광야에서 인도하는 모세를 가리킨다. 성인은 재산과 권력에 도취되어, 복음적 삶에 대한 건망증에 빠져있는 당시 교회를 자신의 모범으로 개혁하고 쇄신했다는 측면에서 모세에 비견될 수 있다.

그 위쪽에 보이는 도성으로 들어가는 길은 조악하기 짝이 없다. 들에서 도성으로 들어가는 다리 역시 퇴락한 모습이다. 도성을 둘러싸고 있는 벽 역시 허술하기 짝이 없는 모습이고 도성 안에는 그림자로 인해 내부를 선명히 볼 수 없게 가리고 있는 부분이 보인다. 한마디로 도성 입구에서 꼭대기의 성곽까지 올라가기 위한 여정이 혼미하게 그려져 있다. 이것은 영적 여정의 어려움을 암시한다. 이렇게 여러 난관을 거친 사람들을 기다리고 있는 산 위의 도성은 조개구름과 푸른 구름으로 어우러져 있다. 영적 여정의 어려움을 용감히 극복하고 도전한 사람들이 갈 수 있는 곳이 하늘 나라이다. 그런 신앙인들이 도착한 하늘 나라의 모습을 상기하면서, 성인은 오상을 받음으로써 바로 이 경지에 도달했음을 알리고 있다.

작가가 이 작품에서 지향하며 최절정의 표현으로 제시하는 것은 바로 이 월계수 다발이다. 이것은 희랍 시대부터 영광과 승리의 상징인데, 오상으로 자기 몸에 그리스도를 각인한 프란치스코 성인의 영광을 상징하고 있다. 월계수 다발에 가려 보이지 않으나 찬

란한 태양을 바라보는 성인의 얼굴은 광채에 가득 차 있다. 이 작품을 연구한 학자들에 의하면, 작가는 원래 가장 왼편 월계수 위에, 성인의 전기에 나오는, 성인이 오상을 받으실 때 나타났던 케루빔 천사를 그리고자 했다. 그 후에 현재의 모습대로 작품을 축소했는데, 이것은 작가의 사려 깊은 의도에서 나온 것이다. 작가는 자연 풍광이 하느님의 뜻을 펼치는 또 다른 성경임을 강조하고 싶었다. 여러 동물과 식물, 그리고 자연의 경관을 하나로 모아 하느님 안에

통합함으로써, 성인이 생애 말기 작성한 작품인 「태양 형제의 노래」처럼, 작가는 우리들을 세상 만물을 통해 드러나는 하느님의 영광으로 초대하고 있다.

성인이 오상을 받으심으로써, 요한 묵시록에 나타나는 다음 구절이 삶의 현실이 되었음을 알리고 있다. "이제 그 도성에는 밤이 없어서 등불이나 햇빛이 필요 없습니다. 주 하느님이 그들에게 빛을 주실 것이기 때문입니다. 그들은 영원무궁토록 다스리게 될 것입니다"(묵시 22,5). 성 프란치스코를 작품화시킨 다른 여러 작가들이 비중을 두었던 오상에 대한 기록을, 작가는 접어두었다. 성인이 생애 말기에 작성한 작품인 「태양 형제의 노래」에 나오듯이, 성인이 피조물의 찬미를 통해 도달하신 하느님의 현존 앞에서, 모든 인간적인 갈등과 어려움에서 해방된 진정한 자유인의 모습을 그리고 있다. 어느 작품보다 강한 개성을 지닌 작품으로 평가된다.

성가정
(거룩한 친교: Virgin and Child Enthroned with Saints, Sacra Conversazione)

알비세 비바리니(Alvise Vivarini, 1446-1505)
1480, 템페라 목판 175 X 196cm , 이탈리아 베네치아 아카데미아 미술관

성 미술은 시대를 더하면서 단순히 교회 장식적 차원뿐만 아니라, 교리 교수적인 차원에서 그 역할이 더 강화되어왔다. 그림의 위치나 형상에 있어서도 복음 선포의 차원에 더 신경을 쓰게 되었다. 이런 교회 분위기에서 자연스럽게 형성된 요구가 신자들의 시선이 가장 잘 집중되는 장소에 작품을 남기는 것이었다. 교회가 제단화에 관심을 집중한 이유이다. 제단화의 시작은 1105년 베네치아의 총독 오르델라포Ordelafo Faliero가 콘스탄티노플에 있는 공방에 주문해 제작한, 성 마르코 대성당의 '황금 제단화'(Pala d'Oro)로 거슬러 올라간다. 이 황금 제단화는 정교함과 화려함으로 타의 추종을 불허하는 작품이다. 이것을 효시로 13세기부터 제단화가 대중화되기 시작했다. 예술에 대한 대단한 심미안을 지니고, 경제적 풍요가 넘치는 베네치아에서는 성당마다 경쟁하듯 이 제단화를 제작하게 되었다.

이 제단화의 등장인물은 성모자와 함께 그 지역의 수호성인들

이 되었다. 신자들은 성모자와 함께 등장하는 성인들에게 기도함으로써, 모든 성인들의 통공이라는 크리스천 신앙의 정수를 쉽고 감동적으로 접할 수 있었다. 제단화에 대한 신심은 갈수록 열기를 더하였다. 이 작품은 15세기 베네치아 화풍의 대표적인 작품이다. 제목에서 드러나는 것처럼 성가족이란 주제에 이어 '거룩한 친교'라는 부제를 달고 있는데, 예나 지금이나 많이 제작되고 있는 성가족을 주제로 한 작품과는 전혀 다르게, 크리스천 성가족의 의미를 폭넓고 정확하게 제시하고 있다.

가족은 인간 삶의 근간이고, 혈연으로 이루어져 있다. 가장 결집력이 있는 것으로 우리의 생활에 매우 중요하다. 크리스천들은 이 가족을 뛰어넘어, 신앙 안에서 우정과 형제애를 고귀하게 평가한다. 이런 형제애를 통해 모든 사람들이 하느님 안에서 한 형제자매로 받아들여지고, 서로 포용하는 사랑의 관계를 이상적인 가족으로 정의한다. 이 작품은 바로 이런 관점의 가족을 강조하는 것이다.

마르코 복음을 보면, 예수께서 선교 활동을 하고 계실 때 아들을 보려고 찾아온 성모님과 친척들이 나온다. 주님께서는 인간적으로 보면 좀 의아하고 매정하게 들릴 수 있는 말을 하신다. "'누가 내 어머니고 내 형제들이냐?' 하고 반문하셨다. 그리고 당신 주위에 앉은 사람들을 둘러보시며 이르셨다. '이들이 내 어머니고 내 형제들이다. 하느님의 뜻을 실행하는 사람이 바로 내 형제요 누이요 어머니다'(마르 3,33-35). 이런 성경의 배경을 바탕에 깔고 있는 이 제단화는, 신자들이 성체성사를 통해 그리스도의 현존을 체험하는 성당에서, 하늘나라의 성인들을 찬양하고 그들의 전구를 청하는 신앙의 차원에서 신자들에게 소중한 경배의 대상이 되었다.

   이 작품은 우선 기하학적인 대칭 관계를 절묘하게 설정하여, 전체적인 균형과 안정감을 더하고 있다. 중앙 옥좌에 앉은 성모자를 중심으로, 양쪽에 각각 세 명의 성인들이 성모자를 향해 서 있다. 왼편 창에서 들어오는 빛을 배경으로 각자가 고유한 몸짓을 하며 서 있는 성인들을 보고, 관객들이 자연스럽게 이 작품 속에 빨려 들어가 성모자를 경배하게 만든다. 6명의 성인들은 고유한 손 모양으로 성모자를 가리키고 있다. 전체적으로 이 작품은 삼각형 구도를 통해 건축적인 효과를 더하고 있다. 중앙 옥좌에 앉은 성모자를 중심으로 서로 다른 높이를 유지하며 서 있는 성인들은, 든든하게 지어진 건축물처럼, 관객들에게 안정감과 친근감을 더해 주고 있다.

   바깥 풍경이 보이는 양쪽의 창문을 제외하고 성인들이 서 계신 뒷부분은 짙은 녹색의 커튼으로 차단되어 있다. 서로 다른 자세와 복장으로 서 있는 성인들이 한 방에 함께 모여 있는 동료들처럼, 산만하지 않게 조화로운 일체감을 주고 있다. 여기에 등장하는 6명의 성인들은 왼편으로부터 툴루즈의 성 루도비코 주교, 파도바의 성 안토니오, 성모님의 부모가 되시는 성 안나와 성 요아킴, 그리고 아씨시의 성 프란치스코와 시에나의 성 베르나르디노이다. 성 요아킴과 성녀 안나는 성모님의 부모들이고, 성모 공경의 연장선에서 성모자의 좌우를 지키는 것은 너무나 당연한 것이다. 게다가 툴루즈의 성 루도비코 주교를 포함한 네 명의 성인이 프란치스칸이라는 것은 특별하다.

우리에게 익숙한 파도바의 성 안토니오의 모습은 예수 아기를 안고 있는 장면인데, 여기서는 성인이 옥좌에 앉아 계신 아기 예수님께 시선을 두고 있고, 성모님이 오른손으로 성인을 가리키는 것으로 친밀감을 표현하고 있다. 성인은 오른손에 백합을 들고 있는데, 이것은 단순히 시각적 효과를 더하기 위한 장식적 요소가 아니라 대단한 상징성을 지니고 있다. 구약에서 백합은 풍요와 아름다움과 영적 성장을 상징한다. 중세에서는 이것이 정결과 순수함의 상징으로 변화되었다. 백합은 안토니오 성인의 삶을 단적으로 표현하는 것이다. 성 안토니오는 성 프란치스코의 허락으로 신학자가 되었고, 교회의 신앙을 보존하는 일과 신앙을 회복하는 일에 큰 기여를 하여서 교회로부터 '복음적 박사'(Doctor Evangelicus)라는 칭호를 받는다. 그분의 왼손에 들고 있는 책은 하느님의 말씀인 성경으로서 교회 박사의 상징이다.

성 프란치스코는 외견상 다른 형제들과 별반 차이가 없는 모습으로 서 있다. 성인의 두 손엔 십자가의 흔적이 새겨져 있다. 프란치스코 성인은 돌아가시기 전에 라 베르나 산에서 오상을 받으셨다. 십자가에 달리신 주님이 겪으신 고통을 나눔으로써, 주님과 일치하고픈 극단의 열정을 표현했기 때문에, 주님의 오상을 받으신 것이다. 성인의 옆구리에 찢어진 수도복 사이로 보이는 상처와 양손의 못 자국은 자기 삶으로 주님의 복음을 너무도 철저히 재현하였던, '제2의 그리스도'라고 불리는 성 프란치스코의 상징이다.

성 프란치스코 옆에 서서, 예수 성명의 표적을 손에 들고 있는 성인은 프란치스코회의 큰 개혁자인 시에나의 성 베르나르디노(1380-1444)이다. 베르나르디노 성인은 14-15세기에 수도회가 침체되기 시작하던 시기에, 프란치스칸 개혁에 대단한 역할을 하신 분이다. 순회 설교사로서 그분은 '예수 성명聖名 공경 운동'이라는 신심 운동을 일으켜, 오늘날 교회 전례에서도 1월 3일에 이 축일을 기억하고 있다. 어느 시대나 다 그렇듯이, 교회가 복음에 대한 확신이 부족하고 교회 지도자들의 표양이 빈곤한 곳에서는 항상 미신적인 요소가 독버섯처럼 피어나게 마련이다. 성인 당대에도 교회에서는 외부의 이단뿐만 아니라, 미신적인 행위가 만연했다. 교회 안에서도 그리스도 중심의 본질을 망각하고, 미신적 바탕의 사술(私術) 행위가 극성을 떨치고 있었다. 성인은 신앙의 바탕이 허약한 신자들에게 그리스도 중심의 신앙을 가르치기 위해 '예수 성명(聖名) 공경 운동'을 일으켰다.

성인이 들고 계신 이 목판엔 십자가를 중심으로 예수님 이름이 적혀 있는데, '예수'라는 그리스어 첫 세 글자 "IHS"가 빛나는 태양을 배경으로 쓰여 있다. 성인이 만든 이 간단한 문장은 성인의 영성적 결실을 단적으로 표현하는 것으로, 예수님의 이름은 교회 안

에서 대단한 역할을 했다. 예수(Jesus)는 히브리말로 "야훼는 우리를 구원하신다"라는 뜻의 요수아(Josua)에서 유래한다. 성인에 의해 예수님 이름의 의미가 신앙의 본질임이 극명히 표현되었기 때문에, 이 신심은 널리 퍼져 나갔고 신앙의 정화와 쇄신에 큰 도움이 되었다. 예나 지금이나 들을수록 더 이해하기 어려운 복잡한 신학적 설명이 아니라, 깊은 영적 체험에서 우러나온 단순한 설명으로 복음을 설명할 때, 마음에 더 깊이 와 닿는다. 이런 이유로 성인이 가는 곳이면 어디나 대단한 영적 각성 운동이 일어나곤 했다. 아직도 그 시대에 그려진 작품 중에 성인의 행적에 관한 주제가 많다. 이것은 당시 성인의 영향이 어떠했는가를 단적으로 보여 주는 것이다.

제일 왼쪽에 수도복 차림에 목장을 짚고 주교관을 쓰고 있는 분은 툴루즈의 루도비코 성인(St. Louis of Toulouse, 1274-1297)인데, 이 성인을 등장시킴으로써 15세기 유럽에서 프란치스칸의 긍정적인 영향력을 보여 주려 했다. 성 루도비코는 이탈리아 남부 시칠리아 Sicilia 왕국의 왕자로 태어났다. 왕이었던 성인의 아버지가 스페인 아라곤Aragon 왕국과의 전투에서 패배한다. 그로 인해 다른 두 왕자와 함께 인질로 바르셀로나Barcelona로 끌려간다. 그는 인질 생활을 하던 중에 프란치스칸들을 만나게 된다. 신분상으로 왕자이기 이전에, 정신적으로 고귀함을 타고난 그는 복음을 삶 전체로 사는 프란치스칸 영성에 즉시 매혹되었다. 그는 인질 생활에서 석방되자 자신의 성덕과 지도력을 인정받아 23세의 젊은 나이로 사제직과 함께 주교로 승품되었다. 그는 세상의 눈으로 보면 대단히 영광스러운 주교직을 맡았으나 프란치스칸 삶의 매력을 포기할 수 없어 로마에 와서 형제회에 입회하게 된다. 당시 주교는 종교 지도자일 뿐만 아니라, 지역 군주로서 정치적 영향력을 행사하는 위치였다. 이런 관계로 복음적인 향기를 풍기기 어려운 처지였으나 성인은 주교보다는 프란치스칸이라는 자신의 정체성에 충실해서 모든 점에서 검박하고 철저한 삶을 살았다. 성인은 검소한 삶으로 민중들의 대단한 신임을 얻었고 왕처럼 존경을 받은 성인이기 때문에 주교직에서 정치적인 색채를 제거하고 복음으로 생활한 성인이시다. 작가는 이점을 강조하기 위해 수도복 위에 주교 복장을 입혀 안토니오 성인과 함께 나란히 성모자를 찬송하게 했다. 다른 프란치스칸 성인들과 차이점이라면 주교직의 상징인 목장과 주교관뿐이다. 성인은 다른 모든 것을 통해 프란치스칸임을 나타내며, 프란치스칸 영성이 교회 지도자들의 쇄신에 중요한 역할을 했음을 보여 준다.

한 편의 제단화에 네 명의 프란치스칸이 등장한다는 것은 예사롭지 않은 일이다. 프란치스칸들에게는 대단한 영광이 아닐 수 없다. 한마디로 프란치스칸들이 당시 교회와 사람들에게 막강한 영적 영향을 주어 큰 사랑과 신뢰를 받았다는 표현이다. 성인들의 모습은 하나같이 철저한 고행의 삶을 살아 깡마른 모습으로 나타나고 있다. 이 깡마른 모습은 동양 수도자처럼 철저한 고행과 극기로 자기를 다스리는 것을 수도 생활의 기본으로 삼고 노력했다는 외적 표시이다. 이들이 입으로 복음을 전한 사람이 아니라 자기 삶으로 복음을 전했다는 증거이리라. 성 프란치스코로 시작해서 시에나의 성 베르나르디노까지 프란치스칸들은 "허물어지는 집을 고쳐라"라고 하신 하느님의 말씀을 실천했기 때문에 모든 이들에게 사랑을 받는 성인이 될 수 있었다.

아들을 안고 옥좌에 앉아, 많은 성인들의 찬송을 받고 계신 성모님의 모습은 수도자들이 저녁기도 때마다 바치는 '성모 찬송'의 내용과는 어울리지 않아 보인다. 성모 찬송(루카 1,46-48)에서는 구세주의 어머니로 간택되신 성모님이 자신의 심정을 다음과 같이 노래하고 있다.

　내 영혼이 주님을 찬송하고 내 마음이 나의 구원자 하느님 안에서 기뻐 뛰니 그분께서 당신 종의 비천함을 굽어보셨기 때문입니다. 이제부터 과연 모든 세대가 나를 행복하다 하리니……

　여기서 성모님의 모습이 위에서 노래하고 있는 것과 같은 기쁜 표정이 아니다. 약간의 그림자가 드리운 우수에 찬 표정을 짓고 있다. 어머니의 무릎에 앉아 한껏 행복한 예수 아기의 모습과도 어울리지 않는다. 바로 이 점이 작가가 지닌 깊은 신앙 체험과 사색의 결실이다. 성모님은 예수 아기를 낳으신 후 팔 일이 지난 후에, 유다인의 관례에 따라 아들을 봉헌하려 성전에 가셨다. 성모님은 예언자 시메온으로부터 다음과 같은 말을 듣게 된다.

보십시오, 이 아기는 이스라엘에서 많은 사람을 쓰러지게도 하고 일어나게도 하며, 또 반대를 받는 표징이 되도록 정해졌습니다. 그리하여 당신의 영혼이 칼에 꿰찔리는 가운데, 많은 사람의 마음속 생각이 드러날 것입니다(루카 2,34-35).

어머니는 이 모든 일을 마음속에 간직하셨다(루카 2,51).

작가는 바로 이 말씀을 명심하며 살아가는 성모님을 표현하고자 했다. 작가는 우수에 젖은 표정을 짓고, 옥좌에 앉아 영광을 받으시는 모습인데도, 아들의 수난에 동참하시는 어머님의 깊은 마음을 표현하고 있다. 작가가 활동하던 1400년대 베네치아는 새로운 항로를 개발하여 당시 유럽의 어느 나라도 누릴 수 없는 엄청난 부와 사치를 누리게 되었다. 그중에서도 여자들의 사치와 멋 부리기는 대단했다. 그 당시 여자들의 의상은 오늘날에도 감탄할 만큼 대단히 고급스러운 것이 많았음을 역사는 전하고 있다. 베네치아 여성들이 애호하던 옷감으로는 시리아의 다마스쿠스에서 만든 비단과 피렌체의 견직물 등이었고, 유럽의 고급스런 물건치고 베네치아에서 구할 수 없는 사치품은 없었다. 그만큼 베네치아의 여성은 대단한 사치를 누렸다. 이런 베네치아의 모습을 남기려는 듯이, 성모님의 무릎 부분에 성모님으로서는 어울리지 않는, 당시 베네치아 여성들이 애호하던 고급 비단을 걸치게 한다. 넘치는 물질적 풍요 속에서도 "너희는 하느님과 재물을 함께 섬길 수 없다"(마태 6,24)는 말씀을 살 수 있는 영적 바탕과 힘을 제공한 것은 바로 우리 프란치스칸 성인들이었다.

한마디로 베네치아가 이룬 고급 문화와 물질적 풍요가 타락과 몰락으로 마무리되는 세상의 흐름을 뒤엎고, 오늘날도 많은 사람들에게 감동을 주는 것은, 프란치스칸 카리스마가 신앙에 바탕을 둔 올바른 고급 문화 창출에 큰 공헌을 했기 때문이라고 작가는 강조한다. 베네치아 사람들이 이런 성인들의 가르침과 표양을 따름으로써, 극단적인 물질적 풍요 속에서도 세속에 함몰되지 않고 하느님을 가장 소중히 여기며 "두 주인을 섬길 수 없"(마태 6,24)음을 삶으로 살아갈 수 있게 하였다. 작가는 이런 베네치아 사람들의 기품이 돋보이게 해주었다.

조금 살기가 나아지면서 웰빙이라는 단어가, 행복의 문을 열 수 있는 열쇠처럼, 사람들의 관심을 끌고 있는 현실이다. 이 작품은 우리보다 500년 앞서, 유럽에서 웰빙의 삶을 누렸던 베네치아 사람들이 터득한 바람직한 웰빙 비방祕方을 우리에게 전해 준다.

그레초의 프레스코 - 성탄

익명
이탈리아 그레초 성당

성 미술의 주제는 크리스천 신앙에 관계되는 모든 것이 포함되지만 그중에 가장 많이 다뤄진 주제는 주님의 성탄과 십자가의 죽음이다. 그런데 십자가의 신비가 신앙의 핵심이기는 해도 감정적으로 우리가 선뜻 받아들이기 쉽지 않다. 반면에 성탄은 그 자체가 생명의 탄생이라는 축제성이 있기 때문에, 많은 작가들은 다양한 방법으로 이 주제를 다루어 많은 작품들을 남겼다. 이 작품은 좀 특별한데, 내용에 있어서도 다른 작품이 표현하지 못하는, 작가 나름의 '성탄 신학'을 전개하고 있다.

이 작품은 성탄을 다룬 화려하고 경쾌한 다른 작품들에 비하면, 너무 단순하고 초라하지만 성탄에 대한 프란치스칸적인 의미를 잘 표현했다는 면에서 대단히 탁월하다. 전승에 의하면 성 프란치스코는 1223년 아씨시에서 약 80km 떨어진 한 촌락인, 그레초에서 성탄을 보냈다. 이곳은 오늘날도 사람의 인적이 드문 오지에 속하는 곳이다. 당시에는 척박한 자연환경으로 가난한 농민들이 사는 곳이었고, 성탄이 되어도 미사 참석이 그리 쉽지 않아서, 성인은 버려진 이곳 사람들과 성탄의 기쁨을 함께 나누려 이곳을 찾았다. 마침 이 마을에 심성이 착한 요한이라는 신자가 있었다. 성인은 그에게 성탄 저녁에 주님의 성탄을 재현할 수 있도록 나귀와 동물들, 짚북데기를 준비해 주기를 부탁했다. 마을 사람들은 성인 덕분에 베들레헴의 성탄 분위기를 잘 느낄 수 있었다. 이어서 성 프란치스코가 부제로서 복음을 낭독하며 성탄의 기쁨을 선포하자, 많은 참석자들이 법열에 가까운 큰 기쁨에 젖었다. 전승에 의하면 이때 성인이 준비한 말구유에서 어린 아기가 예수님으로 변해서, 성탄의 신비가 현실로 재현되었다고 한다.

이 작품은 이 사건이 있은 지 두 세기가 지난 후 어떤 무명 화가가 프레스코 형식으로 그린 것이다. 그 내용 면에 있어 프란치스칸적인 성탄 신학을 완벽히 표현하고 있고, 단순하고 소박한 형식의 프란치스칸 미학을 잘 표현하고 있다.

작가는 다른 성탄 작품의 대종을 이루는, 루카나 마태오 복음에 나오는 성탄의 내용을 다루지 않고, 작가 나름대로 해석한 성탄 신학을 압축해서 표현하려고 파격적인 시도를 했다 먼저 성모님은 모유로 가득 찬 풍만한 젖가슴을 풀어헤치고 젖을 먹이신다. 여기에서 작가는 성탄 분위기에서 '마리아와 성체'라는 엉뚱한 시도를 의도했다. 젖으로 표현되는 모성은 모든 생명을 싹트게 하는 대지와 연관된다. 대지가 모든 씨앗을 품에 안아 생명을 싹트게 하듯, 성모님은 인성을 취해 오신 하느님의 아들 예수님을 당신의 젖이라는 대지의 품에 안아 젖을 먹여 키우신다. 이렇게 천상 생명의 텃밭과 같은 성모님은 하느님의 아들을 키우기 위한 터전을 마련하기 위하여, 자신의 모든 것을 내놓는 개방된 자세로 젖가슴을 풀어 아기 예수님에게 젖을 먹이고 계신다. 성모님의 풍만한 젖가슴은, 성모님이 가브리엘 천사로부터 구세주의 어머니가 되리라는 천사의 알림을 들었을 때, "저는 주님의 종입니다. 말씀하신 대로 저에게 이루어지기를 바랍니다"(루카 1,38)라고 응답하신 약속의 실현이다. 그런데 아기 예수님에게 젖을 먹이시는 성모님은 마구간이 아닌 땅바닥에 앉아 계신다. 아기 예수님은 말구유가 아니라, 사제가 성찬식을 통해 빵과 포도주를 축성하는 제단의 중앙에서, 어머니의 도움을 받아 젖을 먹고 계신다.

앞에서도 언급하였듯이 마리아는 대지(大地)의 상징이다. 마리아는 이 세상을 구원할 생명으로 오신 예수 아기에게 생명의 젖줄을 제공하고 있다. 성모님의 도움으로 성장한 예수님은 언젠가 십자가의 희생과 죽음을 통해 인류에게 새로운 생명을 선사하신다. 예수님은 사제가 봉헌하는 미사에서 빵과 포도주의 모습으로, 마치 당신이 성모님의 젖을 먹고 성장하신 것처럼, 당신을 믿고 따르는 사람들에게 자신을 온전히 내어주심으로써, 믿는 이들의 신앙을 성장케 하신다. 작가는 이런 대지의 역할을 성체성사와 연관시키면서 성탄을 교회 전례 안으로 끌어들인다. 아기 예수님을 감싸고 있는 의복은 둘둘 말은 포대기 형상이다. 이것은 중세 풍습을 그대로 재현한 것이다. 아기가 태어나면 모든 면에 있어 너무 허약하기 때문에, 신생아는 철저한 보호가 필요하다. 중세에는 아기의 안전을 위해 신생아를 헝겊이나 포대기로 둘둘 말아 어떤 충격이나 예기치 못한 사고에도 다치지 않도록 하는 풍습이 있었다. 중세 시대의 다른 성화에서도 아기 예수님이 간혹 이런 모습으로 나타나는 것을 볼 수 있다.

작가는 성경에 나오는 예수님의 모습을 전체적으로 관조하고 이해하였다. 그는 복음에 나오는, 하늘의 천사, 목동들의 경배, 동방 박사의 방문 등을 인용해서 그럴듯한 볼거리를 만드는 것이 아니라, 성경 전체에 나타나는, 하느님의 아들 예수에 대한 참된 이해를 시도한다. 하느님의 아들로 오신 아기 예수님이 포대기로 둘둘 말아 보호해야 할 만큼 여느 아기들과 다르지 않은 약함을 고스란히 지니신 것을 강조한다. 성탄을 통해 우리 모두가 일생 동안 고통스럽게 지고 살아야 하는 인간의 허약성에 예수님이 동참하고 있음을 강조하고 있다.

성모 어머니의 젖을 빨고 계시는 아기 예수님의 머리에, 후광이 금빛 광채로 채워진 것이 아니라 너무도 선명한 핏빛 십자가가 크게 새겨져 있다. 이것은 주님께서 이 세상에 오신 참된 의미가, 자신의 모든 것을 다 인간에게 주시고 마지막으로 자신의 생명까지 십자가에 바치기 위해서라는 것을 말해 준다. 이 핏빛 십자가는 하느님 사랑의 진수를 증거해야 하는 그분의 운명을 드러내고 있다. 여느 아기처럼 성모님의 보호를 받고 있는 아기 예수님은 장차 인류 구원의 사명을 위해 십자가를 지시고, 여느 인간처럼 철저히 허약한 모습으로 성부의 뜻을 받아들이는 구세주의 상징이다.

그분은 십자가를 지시기 전날, 올리브 동산에서 피땀이 흐르는 번민과 공포를 느끼며 아버지께 그 고통스런 사명을 면케 해 달라고 기도하셨다(루카 22,42). 예수님은 십자가 위에서, 자신이 애타게 부르짖던 기도를 외면하고 자기를 십자가에 매다신 성부 아버지의 이름을 애타게 부르며(마태 27,46) 세상을 하직하셨다. 여기에서 엉뚱하리만큼 대담하게 성탄 신비의 진면모를 제시하고 있다. 이 세상에 구세주를 모셔 오기 위해, 또한 생명의 씨앗을 받아 키우기 위해 자신의 모든 것을 내놓은 상징으로, 성모님이 젖가슴을 열어 아기 예수님이 흡족히 젖을 빨도록 했던 것처럼, 크리스천들도 복음을 실천하는 향기로운 삶의 모범으로 이 세상에 그리스도를 탄생시켜야 하는 사명이 있음을 제시하고 있다. 아래편에 앉아 계신 성 요셉은 성모자를 바라보며, 구세주를 이 세상에 모셔 오기 위해 선택된 자신이 수행할 역할의 의미가 무엇인지를 깊이 생각하고 있다. 이런 면에서 성 요셉은 관객들이 이 작품을 바라보며 성탄의 의미를 찾을 때 지녀야 할 태도를 보여 주고 있다.

중세 시대 대부분의 성화가 그렇듯 작가도 성모님의 동정성을 강조하기 위해, 요셉 성인을 상대적으로 무능한 늙은이로 그린 것은 참으로 안타까운 일이다. 아빌라의 성녀 테레사는 환시 중에 요셉 성인을 만나고 그분의 멋지고 아름다운 모습에 매혹되었다. 성녀는 당시 유행하던 무력한 요셉 성인의 이미지를 쇄신하기 위해 많은 노력을 하였다.

대부분의 성탄 그림이 복음에 나오는 성탄 장면들을 합성한, 즉 천사, 목동, 삼왕을 등장시켜 신나는 축제 분위기를 연출하는 것과는 전혀 다르게, 작가는 성가족이 주인공인 베들레헴의 성탄과, 13세기 초반 성 프란치스코가 연출한 그레초의 성탄이라는 두 개의 드라마를 통해, 15세기 교회에 필요한 '성탄 신학'을 전개하고 있다. 이 장면은 토마스 첼라노가 쓴 「성 프란치스코의 제1생애」 제1부 30장에 나오는 내용이다. 말구유를 만들어 성탄 준비를 끝낸 장소에, 민초의 삶을 살아가던 그레초 시민들이 모두 모여 있다. 이

들의 복장을 보면 남녀 구분이 없이 붉은색 계열과 푸른색 계열의 옷을 입고 있다. 중세 시대에는 붉은색은 인성人性의 상징이고 푸른색은 신성神性의 상징으로 쓰였다. 성탄은 하느님이 인성에 동참하심으로써, 인간은 하느님의 신성을 선물로 받게 되었고 하느님과 인간이 형제로서 서로 합일되었음을 표현하고 있다.

하느님 앞에 사부대중四部大衆은 어떤 신분이나 성별의 구분이 없이 다 하느님의 아들이 지닌, 같은 인성을 가진 신앙의 형제들이다. 이 사부대중의 일부는 프란치스코가 구유에 누우신 아기 예수를 경배하는 것을 바라보고, 일부는 미사를 거행하는 사제를 향하고 있다. 여기에서 프란치스칸의 성탄 신학이 명백히 제시된다. 그리스도는 베들레헴 말구유에서만 탄생하시는 것이 아니라, 매일의 미사성제를 통해 빵과 포도주의 모습으로 우리에게 오신다. 저자는 성탄 신학의 이 점을 강조한다. 포대기로 싸인 아기 예수님은 말구유에 누워 성 프란치스코의 경배를 받고 계신다. 여기에서 작가는 성탄이 베들레헴의 회상이 아니라 그리스도를 기다리는, 모든 크리스천들의 현실 체험임을 강조한다. 주님께서는 오늘도 당신을 기다리는 사람들에게 현실성을 띠고 오시는 분이심을 강조하고 있다. 성인의 전기를 쓴 첼라노의 기록에 의하면, 성인은 성탄 대축일을 맞이하기 위해 특별히 마음의 준비를 하였고, 그 거룩한 밤을 이루 말할 수 없는, 정성 어린 신앙으로 보냈다. 성인은 그리운 마음에 아기 예수님의 "손과 발에 입을 맞추었고, 아기 예수에 대한 측은함에 가슴이 뭉클해서 마치 아기들에게 하듯이 예쁜 말들을 더듬거렸다. 아기 예수의 이름은 프란치스코의 입에 꿀맛이었다"(「2첼라노」 199).

앞의 작품에서 구석에 성 요셉을 배치한 것처럼, 작가는 이 작품에서 성녀 클라라를 배치했다. 성녀는 성 프란치스코의 제자요, 영적 여정의 동반자로서 클라라 수도회의 창설자이다. 성녀는 또 다른 모습의 프란치스코로 볼 수 있는데, 여기에 성녀를 등장시킨 것은 성녀의 생애에 나오는 다음 일화에 근거하는 것이다.

성녀께서 지상 삶을 마무리 하던 1252년 성탄날 밤에, 병상에 누워 계시던 성녀께서는 성당에서 거행되던 성탄 전례에 참석할 수 없는 안타까움에, 홀로 병상에서 주님께 투덜거렸다.

"주님, 오직 당신과 함께 있는, 이 내버려진 몸을 보십시오." 그러자 본인이 성탄 미사의 그 자리에 참석해 있듯이, 모든 형제들과 신자들이 성탄 미사에 참석하고 있는, 성 프란치스코 대성당으로부터 들려오는 오르간 소리, 형제들이 부르는 성가의 후렴, 성무일도 그리고 미사 전례를 거행하는 소리를 들을 수 있어 성녀는 큰 위로를 받았다.

자매들이 성당에서 돌아왔을 때 성녀는 마음에 기쁨이 넘쳐 그들에게 말하였다. "자매들이여, 당신들은 나를 혼자 내버려 두었지만, 주님께서는 침상에 누워 꼼짝을 못하는 저에게 큰 은혜를 베푸셨습니다"(라자로 이리아르떼, 「프란치스칸 소명」 60 참조).

뒷발치에 성녀를 등장시킨 것은, 스승의 가르침을 외골수로 따른 성녀에게 성 프란치스코의 성탄 체험이 재현된 것처럼, 오늘도 프란치스코처럼 주님의 길을 걷고자 노력하는 사람들에게 주님께서 자신을 드러내시는 성탄 체험이 재현된다는 약속과 격려로 볼 수 있다. 작가는 성인의 삶에 있었던 그레초의 성탄 체험을 2세기 후의 사람들에게 전하고자 했다. 작가가 이 작품을 구상할 당시의 교회는, 복음적 생기를 잃고 부패와 무능의 나락에 떨어져 있을 때였다. 무식하고 부도덕하며 탐욕스러운 성직자들의 볼품없는 처신은 복음대로 살려는 순박한 신자들에게, 교회 안에 그리스도가 참으로 계시는지에 대한 회의를 느끼게 만들었다. 많은 이들이 성경에 바탕을 둔 참신한 복음적 삶을 외치는 이단들의 가르침에 솔깃하던 시대였다. 이런 현실에서 작가는 당시의 기성 교회에 실망을 느끼며 회의하는 선량한 신자들을 붙들어야 한다는 사명감을 느끼게 되었다. 작가는 성 프란치스코의 모범에 대한 이해가 큰 힘이 될 수 있다고 여겼기 때문에 이 작품을 제작하였다. 성 프란치스코 당시의 교회 역시도, 작가가 살던 시대와 비슷한 문제가 많은 교회였다. 성인은 부도덕한 일부 성직자들이 만드는 분심과 방해를 외면하고, 성직자가 거행하는 전례 안에서 그리스도를 만나 성덕의 길로 나아갔다. 이처럼 아무리 실망을 주는 교회의 현실에서도, 신자들이 성찬을 통해 오시는 그리스도를 만남으로써 교회 안에서 주님을 만날 수 있다는 확고한 희망을 약속하고 있다.

갈수록 베들레헴의 아기 예수님을 만나기 어려워지는 현실에서, 작가는 진정으로 아기 예수님을 만나고 싶은 사람들에게 성 프란치스코의 안내에 따라 그리스도께로 초대하고 있다. 떠들썩하고 흥청대면서 외치는 허황한 초대가 아니라, 작품에 나오는, 그레초의 동굴에서 조용한 가운데 소박하게 젖을 먹이시는 성모님을 통해, 그리고 구유에 누운 아기를 경배하는 성 프란치스코를 통해 복음에 나타난 성탄 체험으로 우리를 인도하고 있다. 너무 기름지고 많은 양념으로 만들어진 음식은 계속 먹기가 어려운 것처럼, 성탄의 의미를 화려한 축제로만 강조하는 이 시대의 성탄 정서는 우리들에게 싫증을 유발한다. 화려함에 익숙한 우리들에게 이 작품은 참으로 "고요한 밤, 거룩한 밤, 만상이 잠든 때"의 베들레헴과 그 평화로운 분위기로 우리를 신선하게 초대한다. 이 작품을 응시하다 보면, 성체성사로 이어지는 성탄 신학과 함께, 성 프란치스코가 말 구유 앞에 무릎을 꿇고 경배하며 체험했던, 조용하면서도 벅찬 영적 환희를 맛볼 수 있다.

프란치스코의 마음을 사로잡은 주님은 오늘도 성탄의 참된 의미를 고요한 마음으로 응시하는 사람에게, 누구나 부담 없이 받아들일 수 있는 아기의 모습으로 오신다. 주님은 언제나 교회 전례를 통해 성체성사로 오시기 때문에, 크리스천의 삶은 계속 이어지는 성탄 축제의 기쁨이 반복되는 것이다. 이런 성탄절의 의미를 마음에 새긴다면, 성탄 축제가 끝나는 마지막 토요일의 입당송을 다음과 같이 담백하고 고요한 기쁨으로 노래할 수 있다.

"부드러운 정적이 만물을 뒤덮고 시간은 흘러 한밤중이 되었을 때, 주님, 당신의 전능한 말씀이 하늘의 왕좌에서 내려왔나이다"(지혜 18,14-15).

성 프란치스코의 오상
(The Stigmatization of St. Francis)

사쎄따(Stefano di Giovanni Sassetta, 1392?-1450 or 1452)
1437, 템페라 목판화 88 X 52cm, 영국 런던 국립 미술관

오상 체험이 프란치스코 성인에게 삶의 절정 체험이라는 것을 잘 알고 있어서, 여러 화가들은 이 주제를 다루기를 좋아했다. 성인에게 있어 오상은 결코 기적이 아니다. 그리스도를 닮고픈 극단적 열망이 확인되는 것과 같다. 이 사건은 기적이라는 데 비중이 있다기보다, 그가 얼마나 철저히 그리스도를 따르기 위해 노력했고, 이런 수행을 통해 그가 중세 영성의 정점인 '그리스도를 닮음'(Imitatio Christi)이라는 목표에 온전히 도달했음을 알려 주는 데 의미가 있다. 오상 사건은 성인이야말로 명실상부한 '제2의 그리스도'(alter Christus)라는, 강하고 감동적인 메시지를 담고 있다. 이런 내용은 성인에 관한 전기 여러 곳에 제시되고 있는데, 「잔꽃송이」에는 이렇게 나타나고 있다

[1213년] 성 십자가 [현양] 축일이 왔다. 그는 새벽 동이 트기 조금 전에, 움막집의 입구 밖에서 얼굴을 동쪽으로 향하여 이렇

게 기도했다. "내 주 예수 그리스도님, 구하오니 제가 죽기 전에 두 가지 은총을 내려 주소서. 먼저 제가 살고 있는 동안 제 영혼과 육신에, 사랑하는 당신 예수께서 가장 괴로웠던 수난 시간에 견디어 내신 그 고통을 기꺼이 견디어 내실 만큼 불타올랐던 넘치는 사랑을 제 마음에 할 수 있는 한 많이 느끼게 해 주소서"(성 프란치스코의 「잔꽃송이」 제2부 제3장)

이 기도의 응답으로 하늘로부터 찬란하게 불타는 여섯 날개를 가진 세라핌 천사가 내려왔고, 그의 육신에 그리스도의 수난에 대한 놀라운 모상模像과 인각印刻을 남겨 놓았다. 성인은 이후부터 그리스도의 오상을 몸에 지닌, '살아 있는 십자가'의 삶을 살았고, 중세 시대의 여러 작가들은 이 주제를 자주 다루었다.

작가는 15세기 시에나Siena파의 대표적 작가인데, 이 화파는 동방의 비잔틴 예술과 서방의 고딕 미술의 정수만을 뽑아내어 새로운 아름다움을 창출하였다. 작가는 시에나 화파의 재능을 가지고 있었고, 이런 재능을 통해 모든 것을 매력적으로 처리하는 데 큰 도움을 받았다. 이 시에나 화파의 그림은 그 화려함과 세련됨을 특징으로 하고 있다. 또한 시에나는 베르나르디노(1380-1444) 성인이 대중 설교가로서 "예수 성명聖名 공경 운동"을 통해 프란치스칸 개혁 운동의 기수 역할을 하며 활동하던 도시이기도 하다. 그 당시의 시에나는 베르나르디노 성인의 활동에 의해 도시 전체가 회개 운동을 요원의 불길처럼 일으키고 있던 때다. 시에나에서 영적 활기

또한 대단했기 때문에, 작가는 바로 이런 분위기에서 성 프란치스코의 진면모를 표현하기 위해 이 작품을 만들어냈다. 작가는 시에나파의 선배 작가들이 사용한 기법을 정확히 전수받았다. 이 작품은 그리스도가 살았던 지상 생활의 절정이라 할 수 있는 수난과 연관되어 있다. 작가는 그리스도의 수난 체험을 그리는데, 화려한 색채 처리와 우아한 선 처리 방법을 사용하지 않고, 이런 방식에서 과감히 이탈한다. 그는 가난과 겸손으로 그리스도를 닮은 성인의 모습을 강하게 부각시키기 위해, 이 작품을 단순한 구성과 색깔로 처리하였다.

시에나는 이웃 도시인 피렌체와 쌍벽을 이루던 도시였으나, 중세 시대에 들어와서, 피렌체가 상공업의 발전을 통해 급격한 경제 성장을 이루며 르네상스로 진입하였던 데 비해, 시에나는 대조적으로 큰 변화 없이 고딕 양식에 머물러 있게 되었다. 이로써 오늘날 이웃한 두 도시는 성격상 극명한 대조를 보이는 모습이 된다. 이 작품의 색깔은 붉은색 벽돌 건물이 대종을 이루고 있는 시에나 건축 양식에 어울리는 것이다.

　성인이 무릎을 꿇고 있는 위쪽에서, 주님께서 여섯 날개를 가진 천사의 모습으로 그를 향해 오고 계신다. 작품의 제일 윗부분을, 붉은 형상의 주님이 맑고 푸른 하늘에서 천사의 모습으로 성인에게 내려오시는 것으로 배치한 것은, 오상 사건이 중세 영성의 큰 관심이었던, 바로 주님과 완전히 일치하는, '그리스도를 닮음'(Imitatio Christi)의 완벽한 모형임을 강조하기 위해서이다.

　이사야 6장에는 세라핌Seraphim 천사 사랍의 모습이 다음과 같이 적혀 있다.

　그분 위로는 사람들이 있는데, 저마다 날개를 여섯씩 가지고서, 둘로는 얼굴을 가리고 둘로는 발을 가리고 둘로는 날아다녔다. 그리고 그들은 서로 주고받으며 외쳤다. "거룩하시다, 거룩하시다,

거룩하시다, 만군의 주님! 온 땅에 그분의 영광이 가득하다"(이사 6,2-3).

이처럼 여섯 날개를 가진 존재로 설명되는 세라핌 천사는 하느님 곁에서 그분을 보위하며 섬기는 존재로 나타난다. 작가가 활동하던 15세기부터는 이 천사가 그리스도의 사명을 수행하는 천사부대로 나타나는데, 여기에서는 천사가, 벌거벗은 채 십자가에 달린 형상의 주님을 모시고 성인에게 다가오고 있다. 세라핌 천사는 케루빔Cherubim 천사와는 다른 역할이 있다. 케루빔은 지智의 천사로 푸른색으로 나타나는 반면에, 세라핌 천사는 사랑의 천사로 붉은색으로 나타난다. 푸른 하늘에서 붉은 모습을 한 천사가 옹위하는 가운데 오시는, 십자가에 매달린 모습의 주님은 이사야 예언서와 창세기(3,24)에 나오는, 엄하고 위풍 있는 하느님이심을 나타내고 있다. 작가에게 오상 체험은 신기한 기적 사건이 아니라 하느님의 내려오심(Theophany)을 의미한다. 여섯 날개를 단 모습으로 오시는 주님으로부터 빛이 쏟아지며 이 작품 전체에 흐르고 있다. 오상은 지상에서 이루어졌지만, 초자연적인 천상의 사건임을 전하고 있다.

성 프란치스코가 생애 말기에 라 베르나를 찾았을 때 그는 정신적인 심한 갈등상태에서 방황하고 있었다. 성인은 하느님의 뜻 안에서 이 방황의 의미를 파악하기 위해 라 베르나에 칩거하여 기

도에 전념하였다. 주님께서는 천사의 옹위를 받으며 오셔서, 기도하는 성인에게 오랜 갈망이었던 오상을 심어 주셨다. 성인의 뒤에 있는 교회는 산에 가려서 빛을 받지 못해 문이 캄캄한 모습이다. 이것은 영적 생기를 상실한, 성인 당시의 교회를 반영한다. 중세기의 교회는 빛이신 주님을 전하는 교회가 되지 못하였다. 성인은 그의 시선을 십자가에 고정하고 계신다. 그런 성인에게 십자가에 달리신 주님이 위로와 용기를 주기 위해 내려오신다. 그런데 성인이 주님의 빛을 받고 있다는 표식은 무릎을 꿇고 있는 성인 그 자신에게서는 조금도 드러나지 않는다. 모든 것이 너무 평범하고 다른 여타의 것과 차이를 발견할 수 없는 그런 상황이다. 성인이 빛을 받고 있다는 표식은 성인의 뒷면 그림자로 나타날 뿐이다. 그가 떠나 온 교회와 라 베르나 언덕 사이에 조그만 다리가 놓여 있고 그 위로 손을 들고 있는 성인의 그림자가 드리워져 있다. 마치 주님의 부활이 철저히 인간적인 실패와 좌절이라는 십자가의 죽음을 통해 이루어진 것처럼, 성인이 체험한 인간적인 실패와 좌절은, 그가 그토록 사랑하고 따르고자 원했던, 십자가에 달리신 주님을 만남으로써 완전히 보상되고 완성된다.

그토록 원했던, 십자가에 달리신 주님의 사랑을 확인한 성인의 심정은 사도 바오로의 다음과 같은 고백과 너무도 어울리고 있다.

나는 하느님을 위하여 살려고, 율법과 관련해서는 이미 율법으로 말미암아 죽었습니다. 나는 그리스도와 함께 십자가에 못 박혔습니다. 이제는 내가 사는 것이 아니라 그리스도께서 내 안에 사시는 것입니다. 내가 지금 육신 안에서 사는 것은, 나를 사랑하시고 나를 위하여 당신 자신을 바치신 하느님의 아드님에 대한 믿음으로 사는 것입니다(갈라 2,19-20).

탈혼에 빠진 성 프란치스코
(Francis of Assisi in Ecstasy)

카라바조 (Amerighi da Caravaggio, 1571-1610)
1594, 유채 92.4 X 127.5cm, 미국 Hartford Wadsworth Atheneum

 예술가들은 감성의 세계에 몰두하는 것이 그들의 특성이고, 작가들은 자신의 작품 세계 안에 각자 나름대로의 특성을 다양하게 지닌다. 여기 소개하는 카라바조만큼 그 다양한 특성의 폭이 넓고 깊은 작가도 드물다. 그의 새로운 작품이 발표될 때마다 작가는 주위의 사람으로부터 극단의 경탄과 경악을 불러일으켰다. 그의 종잡을 수 없는 행적과 성격으로 다른 작가들에게서는 볼 수 없는 극단의 열광과 반발을 동시에 받았다. 그는 밀라노 근처 조그만 마을인 베르가모Bergamo에서 태어나 미술 수업을 하다가 21세에 로마에 와서 본격적으로 작가 생활을 시작한다. 로마의 뒷골목을 배회하며 어려운 나날을 보내던 그는 한 추기경을 만나면서 인생의 역전을 겪게 된다. 베네치아 귀족 가문 출신으로 14세에 추기경이 되어 당시 로마에서 대단한 인문주의자로서 활동하던 델 몬테(Francesco Maria del Monte, 1549-1626) 추기경을 만난 것이다. 그의 운명은 이 만남을 통해 극적인 변화를 맞게 된다. 카라바조의 특성은 이 작품에서도 볼 수 있는, 빛과 어둠을 극명히 구분하는 테네브리즘tenebrism이다. 이것은 라틴어의 어둠을 뜻하는 "tenebrare"에서 유래한 것으로, 스페인에서 시작된 이 기법이 작가에 와서 완성의 경지에 이르게 된다. 이 작품은 테네브리즘의 극치를 표현한 것이다. 그가 시작한 이 화풍은 이탈리아 화단에 돌풍을 일으켰다. 그의 명성은 예술의 도시 피렌체를 거쳐 알프스 이북으로 올라가 유럽 화단 전체로 퍼져 나갔다. 화면의 절반이 어두운 색조로 가려지고 다른 부분은 간접 광선으로 인해 밝은 색조로 드러나며 빛과 어두움이 날카롭게 대비되는 것이 특징이다.

작가가 이 작품을 그린 것은 교회의 자체 정화를 위해 시작된 반종교 개혁 운동에 동참하기 위해서이다. 교회는 부패한 교회의 이미지를 극복하고 새로운 변혁을 시도하기 위해, 성 프란치스코와 성 안드레아 사도를 교회 성덕의 대표 모델로 부각시킨다. 작가는 이런 교회의 정서에 동승해서 이 작품을 제작한다.

여기에서 작가의 특징인 테네브리즘의 천재성이 유감없이 드러난다. 성인의 발치 부분에 어둠으로 뒤덮여 있는 애제자 레오 형제가 웅크린 자세로, 탈혼 상태에 빠진 채 천사의 부축을 받고 있는 스승, 프란치스코를 응시하고 있다. 레오 형제는 성인의 애제자이자 고백 사제로서, 생의 많은 부분을 성인과 동반했기 때문에 누구보다도 성인을 잘 알고 있는 측근이었다. 많은 수도회가 창설자의 시대가 끝난 후에, 그다음 세대로 이어지는 과정에서 창설자의

정신을 망각하고 그릇된 길로 빠져 쇄신이 요청되던 시대가 있었다. 성 프란치스코는 자기 당대에 이미 형제회가 변질되는 것을 속수무책으로 바라보아야 하는 아픔을 겪어야 했다. 성인은 형제회가 커지면서 변질되는 것을 몹시 안타까워했다. 레오 형제는 성인의 인간적인 아픔과 실망을 누구보다 가까이에서 보아 왔던 이였기 때문에, 스승이 그토록 갈망하던, 그리스도와 완전히 일치하고, 그 상징으로 오상을 받은 것이 그에게 큰 기쁨과 희망이 되었다.

레오 형제는 이 감동의 순간을 조용히 응시하면서, 스승을 통해 드러나는 하느님의 사랑과 십자가의 승리를 관조하고 있다. 아직 오상을 받기 전의 스승처럼 그는 여러 어려움과 번민에 얽힌 어둠의 상태에 머물고 있는 인생이었다. 그는 밝은 빛 속에서 천사의 위로를 받고 있는 스승을 응시하고, 미래에 이루어질 일, 즉 그가 그리스도를 닮는 일을 조용히 희망하고 있다. 그는 성 바오로의 다음 말씀을 스승을 통해 확인하게 되고, 미래에 이루어질 희망을 관조하고 있다. "어떠한 눈도 본 적이 없고 어떠한 귀도 들은 적이 없으며 사람의 마음에도 떠오른 적이 없는 것들을 하느님께서는 당신을 사랑하는 이들을 위하여 마련해 두셨다"(1코린 2,9).

조토를 위시해서 사세타에 이르기까지 성 프란치스코의 오상을 다룬 여러 작가들은 성인이 세라핌 천사의 모습으로 오시는 주님으로부터 오상을 받은 모습을 그리고 있다. 그런데 이 작품은 이미 오상을 받은 성인의 모습을 다루기 때문에 다른 작품의 분위기와 완전히 다르다. 먼저 성인은 오상을 통해 이미 주님과 완전히 일치를 이루었다. 이제 성인은 더없이 평화로운 모습이다. 성인은 더없는 충족감에 빠져 모든 것에서 해방된 자유로운 모습이다. 그토록 사랑했던 주님이 자기에게 심어 주신 오상을 손가락으로 가리키고 있다. 오상을 받은 기록은 성 프란치스코의 전기 여러 곳에서 나오고 있으나, 전기 작가들이 남성이어서 그런지 오상을 받는 묘사는 없고 오상을 받은 후의 증언이 전부이다. 그로부터 3세기 후에 오상을 받은 아빌라의 성녀 테레사는 여성다운 섬세한 필치로 당시의 상황을 자세히 전하고 있다.

그는 키가 큰 편이 아니었고 작았으나 매우 아름다웠습니다.

천사의 얼굴은 광채에 빛나고 아마도 높은 품격의 천사처럼 보였습니다. … 그의 손에서 불붙은 철심을 가진 기다란 황금 화살을 보았으며, 그가 철심으로 나의 심장을 수차례 찔렀습니다. … 그 고통이 너무 대단해서 나는 비명을 질렀습니다. 그와 동시 무한한 달콤함을 느끼면서 그 고통이 영원히 지속되기를 바랐으며, 이것은 바로 내 영혼을 어루만져 주는 주님의 가장 감미로운 애무와 같았습니다.

이탈리아 작가 베르니니는 〈성녀 대 테레사〉에서 성녀의 탈혼 장면을 보여 주고 있는데, 이때 성녀의 표정은 성적인 황홀경(ecstasy)에 빠진 모습이다. 이 오상 체험은 십자가 고통의 체험을 통해 이 세상 어떤 열락과도 비교할 수 없는 대단한 희열 체험임을 전하고 있다. 인간이 하느님께 깊이 몰입되어 있는 탈혼 상태의 체험은 이 세상 어떤 것과도 비길 수 없는 큰 기쁨이고, 곧 성적인 황홀 상태로 묘사될 만큼 대단한 열락의 경지에 속한다. 그러나 이런 경지에 이르기 위해선 엄청난 고통을 감내해야 했다. 오상을 받은 성 프란치스코의 표정 역시 해산의 진통을 끝낸 여인의 표정처럼, 폭풍 같은 고통이 끝난 후에 보이는 탈진 상태의 모습이다. 성인은 우리에게 너무나 익숙한 예수 성심 상본에 나오는, 주님께서 당신 심장을 가리키고 있는 모습처럼, 자기 가슴에 박힌 주님의 상처를 관객들에게 가리킨다. "보라, 주님께서 나를 얼마나 사랑하시는지를!" 하시며 관객들을 주님께로 인도하고 있다.

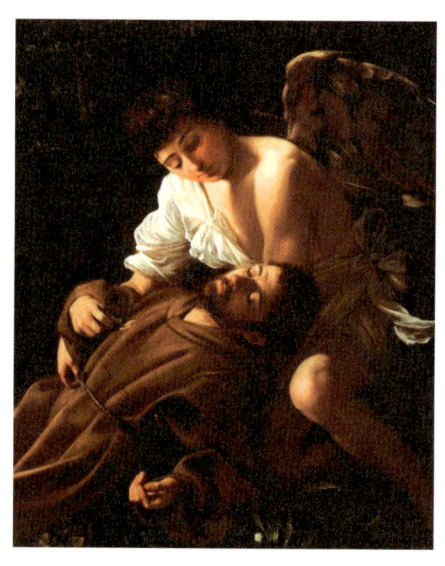

　성인을 부축하고 있는 천사는 건장한 체격의 모습으로 주님의 사랑에 의해 완전히 탈진된 성인을 믿음직하게 부축하고 있다. "주님은 나의 목자, 나는 아쉬울 것 없어라"(시편 23,1) 하신 시편 저자처럼, 이제 성인은 천사의 부축을 받으며 하느님의 보호에 완전히 맡겨진 인간의 행복한 모습을 보이고 있다. 성인을 부축한 천사는 오른손으로 성인의 수도복 띠를 잡고 있는데, 이 상징은 대단하다. 전통적으로 프란치스코회의 수도복 띠는 세 개의 매듭으로 가난, 정결, 순종의 수도 서약을 상징하고 있다. 여기에서 천사가 성인의 수도복 띠를 잡고 있는 것은 성인이 오상을 받아 그리스도와 일치함으로써, 살아 있는 모든 인간들이 시달려야 할 오욕칠정(五慾七情)의 번뇌에서 완전히 해방되었다는 뜻이다. 성인은 오상을 가리키며 죄인인 자기에게 내린 하느님의 큰 은총에 감사하고 있다. 성인이 일생 동안 주님과 닮은 모습으로 변화되기 위해 치렀던 피나는 수행을, 천사는 성인의 띠를 잡으며 위로하고 격려한다. 수도복의 띠는 중세 시대에 정결의 상징으로 부각되곤 했다.

프란치스코 수도회는 더 이상 개혁의 힘이 없이 그저 연명하는 수준에 머무는 집단으로 떨어졌다. 1525년 이탈리아의 작은 형제인 마테오 다 바시오Matteo da Bascio에 의해 프란치스코 수도회의 개혁파인 카푸친회가 시작되었고, 프란치스칸 영성이 새롭게 활기를 되찾게 되었다. 이들은 프란치스코의 열렬한 선교 카리스마를 실천하였고, 가톨릭교회의 실지(失地) 회복을 위해 과거에는 생각도 못했던 미개척지에 선교사를 파견하였다. 카푸친 형제들은 엄격하게 가난을 살면서 가난한 사람들을 위해 열렬히 봉사에 투신했다. 그들은 점차 많은 사람들에게 호평을 받게 되었고, 이상적인 프란치스칸의 모습으로 인정받았다. 교회는 새로 시작된 예수회와 함께, 참신한 개혁 수도회인 프란치스칸 카푸친 회를 이용하여, 교회 쇄신의 거대한 작업을 시작했다.

이런 영향으로 이 시대에 완성된 작품들 속에서는 모두 카푸친 수도복을 입은 성인이 나타나게 된다. 교회의 부패와 부정을 맹렬히 공격하며 종교 개혁을 시작한 개신교를 막기 위하여, 성 프란치스코는 가톨릭교회가 자체 정화의 목표로 시작한 반종교개혁 운동의 정신을 대변하는 성인으로 부각되었다. 작가는 교회가 자체 정화에 대단한 열정을 보이는 분위기에 편승하여서, 교회의 입장을 옹호하기 위하여 이 작품을 그렸다. 성인이 가리키는 오상은 하느님 은총의 선물이고, 천사가 경탄의 눈으로 잡고 있는 수도복의 띠는 인간이 철저한 노력을 수행함으로써 얻은 결실이다. 당시 개신교는 오직 믿음과 하느님의 은총만을 강조하기 위해 인간의 노력이나 선행의 가치를 부정하였다. 작가는 바로 여기에 당당한 도전장을 던지게 된다.

이런 면에서 이 작품은 그 시대의 신학과 교회의 가르침을 극명하게 표현한 신앙 고백이라고 볼 수 있다.

"당신들도 존경하는 성 프란치스코는 하느님의 은총만이 아니라 자신이 노력한 선행의 결과로 예수 그리스도를 닮은 성인이 되었소."

"허물어진 나의 집을 고치라"라는 하느님의 목소리를 듣고 새 삶을 시작한 성인은 오상 체험을 통해 개신교의 출현으로 허물어지고 있는 교회를 다시 일으키는 역할을 행한 것이다. 성인이 "**복음의 사람**"(Vir Evangelicus), "**교회의 사람**"(Vir Catholicus)이라는 증거를 확실히 했다.

성인의 등장은 다음과 같이 희망에 찬 교훈을 준다. 지금 우리는 세상의 암흑 속에 살고 있지만, 어둠에 싸인 레오 형제에게 던져지는 한줄기 빛처럼, 오상을 받은 성인이 느낀 기쁨과 희열의 상태에 우리도 도달할 수 있다는 희망이 있다. 이 희망은 한줄기 빛처럼 우리를 밝혀 준다.

무릎을 꿇고 명상하시는 성 프란치스코

엘 그레코(El Greco:1541- 1614)
1595, 캔버스 유채 147.3 X 105.4cm, 미국 샌프란시스코 미술관

　엘 그레코가 활동하던 종교개혁 이후 교회 안에서는 자기의 잘못을 반성하면서 새로이 태동하고자 하는 몸부림이 있었다. 이러한 반종교 개혁 시대에 작가는 성화로서 이 운동에 적극 동참했다. 그는 예술가이기 이전 가톨릭 신자로서 당시 교회의 부패로 종교가 분열되는 것에 몹시 마음 아파했다. 작가는 가톨릭교회의 부패를 반대하거나 다른 견해를 가진 사람에게 고통을 주었던 종교재판과 같은 응징의 방법이 아닌 자기 정화의 차원으로써 시작된 반종교 개혁 운동에 찬성했다. 성 프란치스코는 작가에게 있어 다른 성인과 비길 수 없는 거의 유일한 성인이기에 일생을 통해 성인의 많은 모습을 그렸으며 지금 남아 있는 것만도 대강 27점 정도의 작품이 있다.
　작가가 그린 프란치스코의 모습은 대략 다음과 같다

　- 황홀경에 빠진 성 프란치스코

- 성 요한 복음사가와 사도 성 안드레아와 프란치스코
- 레오 형제와 죽음을 묵상하는 프란치스코
- 오상을 받으시는 성 프란치스코 등으로

특징은 그분의 활동상에 대해서는 거두절미하고 하느님과의 관계만 집중적으로 표현하고 있다. 사실 성 프란치스코는 어떤 성인 못지않게 사도적 활동도 많이 하였으나 이런 것을 일방적으로 강조한 것은 작가의 심원한 의도였다. 작가는 당시 교회 성직자들이나 수도자들이 복음의 증인이 되어야 함에도 불구하고 일반 귀족이나 정치인들과 조금도 다를 바 없는 삶을 살고 있는 모습들을 보면서 그들에게 삶의 새로운 방향성을 제시하기 위해 성 프란치스코의 천상적 면모를 제시했다.

성 프란치스코가 생전에 동굴을 기도처로 사용했다는 것이 자주 등장하는데, 여기에서도 성인은 동굴로 보이는 곳에서 기도 삼매경에 빠져 앞에 놓인 성물을 응시하고 있다. 앞에는 성경과 십자가 그리고 해골이 놓여 있다. 해골은 프란치스코 이전부터 죽음 묵상의 주요 재료로 사용되었다. 성경과 십자가는 다른 성인들의 삶의 묘사에도 자주 등장하는 것이지만 프란치스코의 특성이 드러나는 자기 영성의 주요한 주제였다. 성 프란치스코의 그리스도 이해는 바로 십자가에 못 박히신 그리스도였다. 마르코 복음에서 주님께서 베드로에게 사람들이 당신을 누구라 생각하는지 물었을 때 다양한 대답이 나왔듯이 교회의 역사 안에 나타나고 강조되었던 그리스도의 모습은 바로 그 시대의 영성을 표현한다고 할 수 있다. 성 프란치스코 이전 그리스도는 주로 승리하신 그리스도, 부활하신 그리스도였다.

교회가 성장하는 과정에서 승리와 성공이라는 주제는 사람들에게 매력적이었고 자연스럽게 교회 안에도 이런 그리스도가 강조되기 시작했다. 교회 안에 "금관을 쓰신 그리스도"의 모습이 정착되면서 일부 성직자들의 부패가 서서히 시작되었고 교회는 힘 있는 사람들의 모임이라는 모습으로 변모되었다. 성 프란치스코 이전에도 그리스도의 인성이 강조되면서 십자가의 그리스도가 등장하하기는 하였지만 성 프란치스코는 더욱 철저하게 인간에의 사랑을 극심한 고통으로 표현한 십자가에 못 박히신 그리스도에 집중했다.

성 프란치스코 대축일에 바치는 저녁기도의 성경소구에 나타나는 다음 성경은 성인의 그리스도에 대한 이해를 너무도 잘 표현하고 있다.

내게는 그리스도의 십자가 밖에는 아무것도 자랑할 것이 없습니다. 실상 십자가로 말미암아 내게는 세상이 십자가에 못 박혔고 나도 세상에 대해서는 십자가에 못 박혔습니다. 앞으로 아무도 내게 괴로움을 끼치지 마십시오. 나는 내 육신에 예수의 상흔을 지니고 있었기 때문입니다(갈라 6,14-17).

작가는 오로지 하느님의 사람으로서 성인의 순수하고 열렬한 삶의 모습, 즉 십자가 중심의 영성을 이렇게 십자가를 응시하는 모습으로 그렸다. 중세시대 일부 성직자들은 십자가 중심의 영성에서 벗어나 권력자의 모습을 보여줌으로써 예수의 생명을 보여주는 역할을 망각하기도 하였다.

그래서 작가는 성인이 지녔던 십자가 중심의 영성을 통해 교회가 새로 태어나기를 바랐다. 그리고 성경은 성 프란치스코가 새로운 생활을 시작하는데 가장 큰 힘이었으며 더 나아가 유일한 영감의 원천이었다. 성 프란치스코의 삶은 철저히 성경적 바탕에 기초한 삶이었다. 성 프란치스코는 성경학을 전공한 신학자는 아니었으나 성경에 대한 정확하고 깊은 태도를 지니고 있었기에 그의 수도 생활은 복음의 정수를 표현한 단순하고 기쁜 생활이 될 수 있었다.

그는 자신의 유언에서 이 점을 명확히 표현하고 있다.

그리고 주님이 몇몇 형제들을 나에게 주신 후 아무도 내가 해야 할 것을 나에게 보여 주지 않았지만, 지극히 높으신 분께서 친히 거룩한 복음의 양식樣式**에 따라 살아야 할 것을 나에게 계시하셨습니다**(유언 14).

작가는 이런 성 프란치스코의 표현을 통해 끊임없이 교회를 개혁하고 쇄신시킨 개혁자의 모습으로서 성인을 표현하고 있다. 성인이 택했던 복음과 그것을 통한 하느님 사랑은 당시 일부 부패했던 중세 교회에 신선한 생명력을 선사하는 역할을 하였다. 작가는 성 프란치스코의 삶이 가장 순수한 복음적 삶이며 혼란스러운 교회가 가야 할 방향이라고 믿고 있었다. 그래서 작품을 통해 신앙의 혼란기를 살면서 방황하는 신자들의 마음을 잡아줄 수 있다고 생각했으며, 예술을 통한 신앙 증거를 하는 마음으로 이 작품을 제작했다.

바람 형제

피에로 카센티니(Piero Casentini)
2002, 이탈리아 아씨시 산 다미아노 수도원

성 프란치스코의 작품 중에 "태양 형제의 노래"가 있는데 이것은 성인이 돌아가시기 직전인 1226년 지으신 것으로 중세 이탈리아 문학에서 단테의 작품과도 비견되는 수작으로 평가되고 있다. 성 프란치스코는 예수님의 가르침인 "가난한 사람의 행복"을 외면하고 세상적 권세에 집착함으로써 부패하고 생기 잃은 중세 교회를 다시 복음적 가난으로 채운 성인이기에 교회 쇄신의 산 모델로 제시되고 있다.

이탈리아 문학의 불후의 명작으로 평가되는 신곡에서 단테는 중세 부패한 교회를 향한 포화를 터트리며 부패한 교황 여러 명을 지옥에 보내는 충격적인 표현을 하면서도 성 프란치스코에 대해선 특별한 찬사를 올리고 있다.

프란치스코는 아직 젊었을 때부터 세상 사람들에게 자신의 위대한 덕의 표적을 나타내기 시작했는데, 당시 사람들이 죽음만

큼이나 무섭게 여기며 피하던 복음적 가난을 사랑하여 자기 아버지의 격노를 무릅쓰고 주교와 아버지 앞에서 일생을 복음적 가난 안에 살겠다는 것을 선포했다. ········· 프란치스코와 복음적 가난은 너무도 잘 어울리는 것이었다(단테의 신곡 천국편 11장).

태양 형제의 노래에서 성인은 첫 구절을

지극히 높으시고 전능하시고 좋으신 주님,
찬미와 영광과 영예와 모든 찬양이 당신의 것이옵고
(묵시 4,9.11 참조)

라는 시작으로 하느님께 최고의 찬사를 드린 후

내 주님을 찬미하고 찬양들 하여라(다니 3,85 참조).
감사를 드리고, 한껏 겸손을 다하여 주님을 섬겨라.

라는 결구로 하느님 앞에 선 인간의 참모습인 겸손으로 마무리하였다. 이 두 표현에서 성인의 위대한 신앙표현이 드러난다. 많은 부처들에 의해 꽃으로 장엄한 세계에 관해 설명하는 대승경전으로 평가되는 불교의 화엄경처럼 세상 만물을 다 하느님의 찬미로 초대하고 있다. 먼저 해와 달과 별과 더불어 하느님을 찬미하자고 초대한다.

내 주님, 당신의 모든 피조물과 더불어 찬미 받으시옵고
(토비 8,7 참조)
그 중에도 각별히 해님 형제와 더불어 찬미 받으사이다.

아름답고 장엄한 광채로 빛나는 해님은,
지극히 높으신 당신의 모습을 지니나이다.

내 주님, 달 자매와 별들을 통하여 찬미 받으시옵소서
(시편 148,3 참조).
당신께서는 빛 맑고 귀하고 어여쁜 저들을
하늘에 마련하셨음이니이다.

그 다음 바람과 공기처럼 보이지 않으면서도 우리를 감싸고 있는 현상을 통해 하느님을 찬미하고자 초대한다.

내 주님,
바람 형제를 통하여 그리고 공기와 흐린 날씨와 개인 날씨와
모든 날씨를 통하여 찬미 받으시옵소서(다니 3,64-65 참조).
저들로써 당신 피조물들을 기르시나이다(시편 103,13-14 참조).

이어서 성인은 동양의 노자가 도덕경에서 예찬했던 가장 부드러우면서도 강한 바위를 뚫을 수 있는 물을 인용하여 찬미에로 초

대한다.

> 내 주님, 쓰임새 많고 겸손하고 귀하고
> 순결한 물 자매를 통하여 찬미 받으시옵소서(시편 148,4-5 참조).

이어서 불을 형제라 부르며 우리를 초대한다.

> 내 주님, 불 형제를 통하여 찬미 받으시옵소서(다니 3,66 참조).
> 그로써 당신은 밤을 밝혀 주시나이다(시편 77,14 참조)
> 그는 아름답고 쾌활하고 씩씩하고 힘차나이다.

마지막으로 성인은 땅으로 우리 시선을 돌리며 찬미에로 초대한다.

> 내 주님,
> 우리 어머니인 땅 자매를 통하여 찬미 받으시옵소서
> (다니 3,74 참조).
> 그는 우리를 기르고 다스리며 울긋불긋 꽃들과 풀들과
> 더불어 온갖 열매를 낳아 주나이다(시편 103,13-14 참조).

그 다음 성인은 오욕 칠정에 시달리며 살아야 하는 인간 삶의 여정들에서 만나는 미움과 용서, 병고에서의 인내, 마지막으로 모

든 인간의 종착역인 죽음을 자매라 부르며 찬미하고 있다.

> **내 주님, 당신 사랑 까닭에 용서하며**(마태 6,12 참조),
> **병약함과 시련을 견디어 내는 이들을 통하여**
> **찬미 받으시옵소서.**
> **평화 안에서 이를 견디는 이들은 복되오니**(마태 5,10 참조),
> **지극히 높으신 이여, 당신께 화관을 받으리로소이다.**
> **내 주님,**
> **우리 육신의 죽음 자매를 통하여 찬미 받으시옵소서.**
> **살아있는 어느 사람도 이를 벗어날 수 없나이다.**

작가는 어릴 때부터 예술적 기질을 발휘해서 작가로서의 길을 탄탄하게 시작했는데, 특히 성경과 성 프란치스코 생애에 각별한 관심을 가지면서 이 분야의 많은 작품을 남겼다. 그는 거의 독보적이라 여겨질만큼 복음과 성 프란치스코에 심취해서 작품의 대부분이 바로 성경에 나타나는 예수님과 프란치스코의 생애였으며, 특히 이 작품은 태양 형제의 노래에 등장하는 내용을 여덟 장면으로 나누어 성인의 영성을 시각화시켰다. 성인을 평화의 사도라고 부르는 것은 지상 인간들 사이의 다툼과 분쟁에서의 평화만이 아니라 우주적 차원의 평화임을 이 작품은 드러내고 있다.

하느님을 바라보며 서 있는 프란치스코에게 하느님 사랑의 강한 바람이 불어 성인의 모든 것이 뒤로 제쳐지고 있다. 성인의 곁에서 있는 나무 역시 태양 형제의 노래에서 인용한 형제로서 성인의 자세를 따르고 있다. 복음의 생기를 막는 모든 관례나 허식의 장벽을 치우고, 시대착오적인 사고방식과 법을 뒤로 던지고 앞을 향해 나아가라는 강한 초대를 받은 프란치스코 성인의 모습을 보이고 있다.

발레 로미타 성당의 제단화
(Polittico di Valle Romita)

젠틸레 파브리아노(Gentile da Fabriano: 1370-1427)
1410-1412, 목판 템페라, 금박 280 X 250cm, 이탈리아 밀라노 브레라 미술관

가톨릭교회는 초대 교회부터 시작해서 신앙의 내용을 아름답게 표현하려는 여러 시도를 했고, 그 시대 문화와 예술 표현을 과감히 수용함으로써 성 미술이 신앙의 내용을 아름답게 표현하는 것만이 아니라 신학이 과감히 표현하지 못했던 것도 표현함으로써 단순히 교회의 장식 기능이 아닌 예술을 통한 복음적 예언성을 드러내기도 했다.

이 작품은 후기 고딕 양식의 제단화로서 이탈리아에서 산세가 수려하면서도 험한 마르케Marche 지역 프란치스칸 성지에 있는 성당을 위해 제작한 것이다. 제단화란 이름 그대로 성당의 중심인 제단을 장식하기 위한 것인데, 그 내용은 단순한 장식 요소가 아니라 이 성당을 찾는 신자들에게 자기들이 전하고픈 신앙의 내용을 전달하기 위한 중요한 수단이었다.

당시 교회의 현실은 학자나 귀족들이나 성직자들을 제외하고 대부분의 신자들은 문맹이었고 더욱이 인쇄술이 없었을 때였으니

성경을 직접 읽기가 매우 어려운 시기였다. 이런 현실에서 이들에게 가장 중요한 교리 교육의 수단은 바로 성화였기에 그레고리오 대교황은 성화를 "가난한 사람들의 복음서"라고 말씀하실 정도로 성화는 단순한 장식적 차원을 넘어 당시로서는 교리 해설과 복음 선포의 효과적인 수단이었다. 이 제단화는 당시 프란치스코 수도회의 개혁 세력들의 본거지로서 신자들에게 신뢰를 주고 있던 수도자들이 머물렀던 은둔소(Eremo)에 있는 것으로, 프란치스칸들에게 대단한 신뢰와 사랑을 보이던 그 지역 신심 깊은 귀족이 자기의 무덤을 이 은둔소에 남기길 원하면서 봉헌한 것이다. 비잔틴 양식의 영향을 받아 금박으로 처리된 것이어서 가치 역시 대단한 것이었다. 이곳은 의식 있는 프란치스칸들의 지도를 받기 위해 당시 순례자들이 모이는 인기 있는 성지였다. 그래서 이 작품은 그들의 신심 양성에 도움을 주기위해 제작된 작품으로 당시에 필요했던 신앙의 내용을 잘 표현하고 있다.

중앙에 삼위일체이신 하느님께서 당신 아들을 세상에 보내기 위해 선택하셨던 마리아에게 여왕의 관을 씌우고 계시다. 성부는 하늘에서 위를 내려다보시고 성자 예수님은 어머니 곁에 계신다. 성자 예수께서 자기를 낳으신 어머니에게 성부를 대신하여 왕관을 씌우고 계신다. 여기에서 그리스도를 왕으로 성모님을 여왕으로 표현하는 것은 성경적인 바탕에 근거하고 있다.

　　보라 동정녀 잉태하여 아들을 낳으리니 그 이름을 예수라 하여라. 그분께서는 큰 인물이 되시고 지극히 높으신 분의 아드님이라 불리실 것이다. 주 하느님께서 그분의 조상 다윗의 왕좌를 그분에게 주시어, 그분께서 야곱 집안을 영원히 다스리시리니 그분의 나라는 끝이 없을 것이다(루카 1,32).

이 성경 말씀은 중세 크리스천들의 삶 안에서 심화되었고 자연스럽게 예수님의 왕직 표현에 성모님의 여왕직이 자리를 함께 하게 되었다. 431년 에페소 공의회에서 성모님을 하느님의 어머니 "Theotokos"로 부르기로 결정함으로써 그리스도의 왕직과 가장 가까운 칭호인 여왕직이 조화스럽게 배치되었다. 작가는 이 제단화를 보면서 예수님 제자로서의 삶을 결심한 사람들에게 자연스럽게 성모님의 모범을 본받는 것이 얼마나 중요한 것임을 제시하고 있다. 주님께서 당신 모친 마리아에게 여왕의 관을 씌우고 계신 하단에는 일군의 천사들이 성모자를 우러러보며 찬송을 올리고 있다. 교회에는 저녁기도에 바치는 여러 가지 아름다운 성모 찬송이 있으며 아직도 수도원에서는 이 전통이 지켜지고 있는데, 이 찬송의 기원은 바로 성모님을 여왕으로 모심으로 시작된 것이다.

하단의 우측엔 성 예로니모와 성 프란치스코, 그리고 왼쪽엔 성 도미니코와 성녀 막달레나가 성모자에게 시선을 두면서 경배하고 있다. 성 예로니모는 교회 역사상 처음으로 성경을 라틴어로 번역하신 학자이며 젊은 시절에 하느님만을 온전히 찾기 위해 광야로 가시어 오랜 세월 동안 은수 생활을 하시면서 신앙을 키운 성인이시다. 이 성지가 프란치스칸 운동의 혁신 세력으로서 오로지 하느님만을 찾기 위해 은둔 생활을 하는 프란치스칸 수도자들의 요람이니 성 예로니모를 주보로 모시는 것은 너무도 당연한 일이었다.

　예로니모 성인은 손에 이들이 사는 은둔소의 집을 들고 있는데, 이것은 성인이 척박한 환경에서 영웅적인 삶을 살고자 하는 이들을 도와주고 보호해 주리라는 약속과 같은 것이다. 여기 모인 프란치스코 개혁 세력들은 어떤 어려움 속에서도 성 예로니모 성인의 도움으로 굳건히 살면서 튼튼한 믿음의 성곽을 쌓게 되리란 자신들의 확신을 표현하고 있다.

　성 프란치스코는 이 개혁 세력들의 수호자와 같다. 여기 모인 수도자들은 회원들의 수가 많아지면서 나태와 안일 현상을 보이고 있는 프란치스코 수도회의 현실에 실망을 느끼며 새로운 삶을 살기 위해 은둔 생활을 시작했으니, 이들의 이상적인 모델은 자연스럽게 성 프란치스코였다. 성인은 프란치스코 수도회가 프란치스코 정신으로 돌아가기 위해 모인 이들에게 가장 확실하고 변함없는 지주가 되는 것이다. 성 도미니코는 성 프란치스코와 같은 시기에 활동했으며 교회의 개혁 세력이 되기 위해 탁발 수도회를 창설한 성인이다. 그는 프란치스코의 영적 형제와 같은 성인이기에 나란히 두고 있다. 성녀 막달레나는 당시엔 회개 생활의 모델이었다. 부패하고 안일한 교회가 정화되기 위해서나 안일을 탐하는 수도자들이 정신을 차리기 위해 필요한 것은 자신의 죄로부터 해방되는 것이기에 회개 생활의 주보인 성녀를 여기에 등장시키고 있다. 이 작품 앞에 선 순례자들이 성녀 막달레나의 모범을 따라 쉼 없이 자신을 변화시켜야 한다는 것을 강조하는 모습이다.

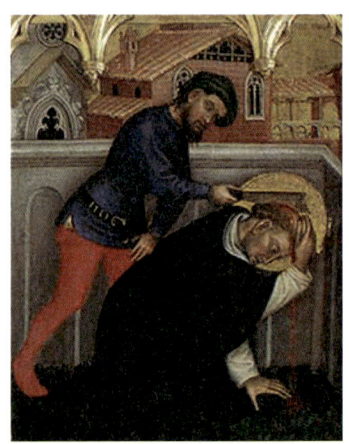

상단 좌우에 역시 두 명씩 네 명의 성인이 배치되어 있는데, 오른편으로부터 광야에서 고행하시는 세례자 요한과 당시 프란치스칸으로서 베로나에서 순교한 성 베드로가 있고, 왼편엔 도미니코 수도회 출신의 신학자 토마스 아퀴나스와 오상을 받으시는 성 프란치스코가 있다. 원래 이 제단화의 중앙에 "십자가에 못 박히신 그리스도"가 있었는데, 해체 과정에서 안타깝게도 분리되었지만, 십자가에 못 박히신 그리스도께서 전체 구도의 중심으로 배치되면서 신앙의 내용을 너무도 정확히 표현하고 있다. 십자가에 못 박히신 그리스도가 중앙에 있는 이 제단화는 그리스도가 모든 것의 중심이라는 프란치스칸 신학을 극명히 드러내고 있다. 상단의 세례자 요한은 이곳 은둔 수도자들이 자기들의 주보로 모신 성인이었다.

세례자 요한이 황량한 광야에서 수행한 것처럼 이 은둔자들도 열악하기 짝이 없는 환경에서 오직 주님만 따르는 삶을 살기로 결심하고 모인 것이기에 이곳을 지키는 수도자들에게 대단히 중요한 성인임에 틀림없다. 이곳은 산세가 너무 험준하고 교통이 불편한 곳이어서 오늘날도 겨울이면 눈이 많이 내려 교통이 두절되는 곳이니, 이 은둔소가 설치된 당시에 이곳에 산다는 것이 얼마나 어려웠는지 짐작할 수 있다. 그러나 이들은 생사를 건 마음으로 이곳에 정착했고 자연스럽게 광야에서 수행한 세례자 요한의 보호를 생각했을 것이다.

오상을 받으시는 성 프란치스코와 성 토마스 아퀴나스 성인을 배치한 것은 탁발 수도자로서 신앙의 내용을 정확히 표현하는 신학 정립에 대단한 노력을 하셨던 성인과 오상을 받으심으로 제2의 그리스도로 불리게 된 성 프란치스코를 등장시킴으로서 탁발 수도회의 복음적 위상을 표현하고 있다. 작가가 제작한 이 한편의 제단화는 당시 교회의 신앙 감각 이해에 대단히 중요한 것을 표현하고 있다. 이 제단화에 등장하는 성인들은 험준한 산악 지대에서 오직 하느님만을 찾기 위해 모인 수도자들에게 어떤 어려움 속에서도 용기를 잃지 않고 신앙에 정진하라고 격려하는 든든한 원군의 역할이라고 볼 수 있다. 작가는 성인들만 등장하는 제단화에서, 바라보는 사람들에게 단조로움을 주지 않기 위해 섬세한 표정과 색채 배려를 했다. 상단에 있는 순교자 베드로를 참수하는 망나니의 핏빛 색깔이나 성 토마스 아퀴나스를, 조용한 방에서 하느님을 향한 깊은 명상에 잠긴 성인으로 표현함으로써 은둔자들의 귀감으로 상기시키고 있다.

아랫부분의 성 예로니모는 추기경 복장의 화려함으로 갈색 수도복의 프란치스코와 색채적으로 대비시키고, 검은 수도복의 성 도미니코와 분홍빛 색깔의 성녀 막달레나를 등장시킴으로 단조로움을 제거하고 복음적 생기와 역동성을 표현했다. 섬세하면서도 절제된 표현으로, 수많은 성인들이 대거 등장하는 대형 성화의 역할과 차이를 두면서도 신앙의 내용과 성지의 의미성을 명쾌하게 표현한 걸작을 만들었다. 많은 제단화가 있지만 이 작품은 제작 의도성과 표현에 있어서 프란치스칸 영성의 주요 관점인 단순성을 표현함으로 영적 차원에서도 걸작에 속하는 것으로 평가되고 있다.

성 프란치스코가 스페키오 동굴에서 물을 포도주로 변화시킴

스테파노 디 스타시오(Stefano di Stasio :1948-)
2004, 캠퍼스 유채, 이탈리아 나르니(Narni) 평화의 성모 마리아 성당

성 프란치스코의 생애를 기록한 저자들의 저술 목표 중 중요한 것은 프란치스코가 그리스도와 너무도 닮은 성인이라는 관점의 강조였다. 그래서 성 프란치스코의 전기를 읽다보면 표현에 있어서 많은 부분에서 복음서의 후편과 같은 인상을 받을 때가 있다. 그분의 출생 설화에서 40일간의 단식, 열두 제자의 선택을 위시해서 치유 등 생애에 하신 많은 일화들이 성경과 너무도 닮은 것이 많다. 우리들은 이것들을 사실성으로 접근하기보다 목표성으로 접근해야 할 것이다. 크리스천의 삶은 그리스도를 닮은 삶이어야하고 프란치스코 성인이야말로 이런 면에서 우리의 모범이라는 것이 작가의 의도이자 우리에게 주는 메시지다. 물을 포도주로 변화시킨 기적이야기는 요한복음 2장에 나타나고 있으며, 이것은 예수님이 하느님의 아들이심을 드러내는 큰 표징으로 등장하고 있다.

작가는 예술이란 그 자체로 인간의 영성을 표현하기에 사람답게 살기 위해서라도 예술적 표현에 관심을 가져야 한다고 생각했

다. 또한 종교 예술 표현은 인간이 할 수 있는 최상의 것이며, 어떤 틀에 갇혀있지 않을 때 하느님의 자유로움을 표현할 수 있다고 주장하면서 전통적인 성화라기보다는 어느 극장 앞에서나 볼 수 있는 그림과 같은 표현으로 성화를 제작했다. 한마디로 성경의 내용을 판박이처럼 정확히 전달하는 게 아니라, 예수의 삶이 현대 세계에서 어떻게 표현되어야 하는지를 작품을 통해 제시했기에 작가가 생각하는 크리스천 신앙의 현대적 표현이라 볼 수 있다.

이 작품은 성 프란치스코의 생애에 있었던 기적 이야기의 한 부분이며 가나의 혼인 잔치처럼 포도주와 연관된 것이다. 프란치스코의 기록에 다음과 같은 내용이 있다.

또 한번은 하느님의 종이 성 우르바노 은둔소에서 심한 병으로 고통을 겪고 있을 때였다. 그는 몸이 쇠약해짐을 느끼고 약간의 포도주를 부탁했다. 그러나 형제들은 포도주가 모두 떨어져 그에게 가져올 수 없다고 대답하였다. 이에 하느님의 종은 물을 가져오라고 요청하였고, 물이 도착하자 십자 표시로 이를 축복하였다. 그러자 순수한 물이었던 것이 즉시 가장 맛있는 포도주가 되었다. 외진 곳의 가난이 줄 수 없었던 것을 거룩한 사람의 순수가 얻어낸 것이다. 그 맛에 그는 그만 너무 쉽게 힘을 회복하였으니, 마셔지는 물과 마시는 사람을 초자연적으로 새롭게 하는 저 맛의 신기함과 건강의 새로움이여, 이제 그가 "옛 사람"을 완전히 벗어버리고 "새 사람"(콜로 3,9-10)을 입었음이 저 이중의 증언으로

확인되었도다.(성 프란치스코의 기적 보나벤투라 『대전기』 V,10에 나타난 포도주의 기적)

성경에서 포도주가 지니는 특성은 사람을 즐겁게 하는 것으로 메시아의 잔칫상에 없어서는 안 될 중요한 것 중 하나이다. 크리스천들은 성찬식에서 빵과 포도주를 사용하여 그리스도의 기억을 전달하기에 포도주는 그리스도의 사랑을 재현하는 중요한 주제로 연결되고 있다. 성경에는 다음과 같은 포도주 예찬이 나열되고 있다. 포도주는 인생을 신나게 만드는 것이란 상징을 담고 있다

인간의 마음을 즐겁게 하는 술을 얻게 하시고 기름으로 얼굴을 윤기나게 하십니다. 또 인간의 마음에 생기를 돋우는 빵을 주십니다(시편 104,15).

또한 포도주는 우정과 부부애 등과 같은 인생의 즐거운 모든 기억들을 상징하고 있다.

그대 있기에 우리는 기쁘고 즐거워 포도주보다 달콤한 그대 사랑 기리며 노래하려네(아가 1,4).

옛 친구를 버리지 마라. 새로 사귄 친구는 옛 친구만 못하다. 새 친구란 새 술과 같은 법 오래되어야 제 맛이 난다(집회 9,10).

또한 성경적으로 포도주의 상징은 종말에 관한 문맥에서 드러나는데, 하느님께서는 당신의 뜻을 거슬러 죄를 범한 이스라엘 사람들에게 벌로써 한때 포도주를 마실 수 없을 것이란 엄포를 놓기도 하신다. 포도주에 대한 금주 명령은 인생에 꼭 필요한 기쁨을 앗아가는 것처럼 무서운 벌에 속하는 것이다. 한마디로 하느님이 인간의 잘못을 교정하시기 위해 주시는 벌 중에 가장 큰 것은 인간 삶의 즐거움을 앗아가시는 것이다.

너희가 힘없는 이를 짓밟고 도조를 거두어 가니 너희가 다듬은 돌로 집을 지어도 그 안에서 살지 못하고 포도밭을 탐스럽게 가꾸어도 거기에서 난 포도주를 마시지 못하리라(아모 5,11).

반대로 당신 백성에게 행복을 약속하실 때, 포도주가 넘치도록 풍부하게 해 주실 것이란 약속도 하신다.

땅은 곡식과 햇 포도주와 햇 기름에 응답하고 그것들은 이즈르엘에 응답하리라(호세 2, 24).

작가는 성 프란치스코가 활동하였던 이탈리아 움브리아 지방의 도시를 배경으로 이 작품을 전개하고 있다. 이 도시는 오랜 역사를 지닌 도시로써 중세기에 적들의 위험으로부터 피하기위해 산 중턱에 건설된 도시로, 오늘도 저녁 기차를 타고 아씨시를 향하다

보면 이 작품의 장면과 같은 야경을 볼 수 있다.

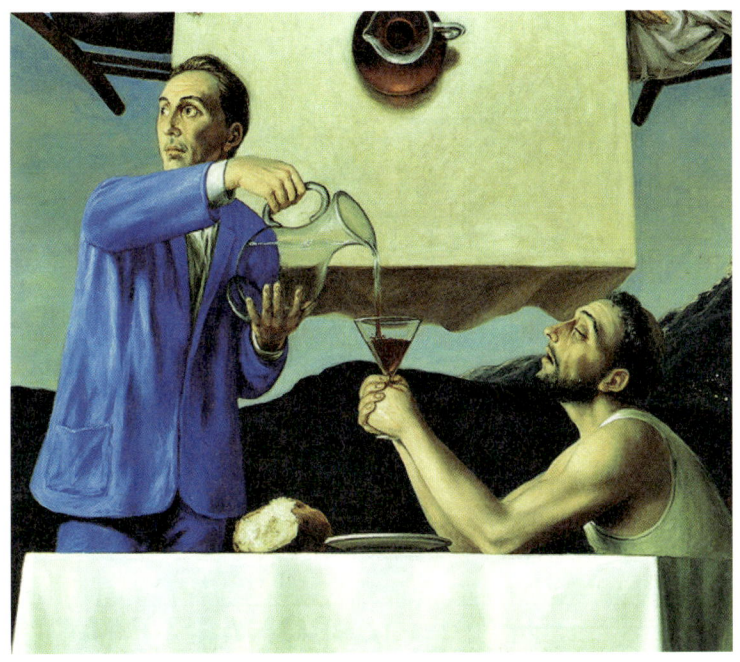

먼저 앞면에 누가 보더라도 프란치스코로 알아볼 수 있는 허름한 차림의 사람이 포도주잔을 들고 앉아 있다. 전체 분위기로 봐서 호텔의 호화로움이 느껴지는 곳이며 이탈리아 패션처럼 세련된 옷을 입은 웨이터가 거지 차림의 프란치스코가 든 잔에 물을 따르고 있다. 이 웨이터는 호텔 수준에 어울리지 않는 손님 모습의 프란치스코를 달갑지 않게 여기지만 접객업소 직원이라는 체면을 살리기 위해 물을 따르고 있다. 달갑잖은 손님이니 빨리 떠나라는 암시를 주는 듯 아무런 정성도 없이 건성으로 물을 따르고 있다. 거지 차림의 프란치스코는 웨이터의 시큰둥한 태도에 아랑곳하지 않고 정성껏 포도주 잔을 들고 있는데, 웨이터가 따르는 물이 잔으로 오면서 붉은 색깔의 포도주로 변하고 있다. 성 프란치스코는 생명을 바치면서까지, 빵과 포도주의 모습으로 당신의 모든 것을 인간에게 내어주신 예수님처럼, 인간에 대한 연민과 동정심으로 사람들을 대했기에 물이 포도주로 변하게 되고 이 포도주는 여러 어려움을 딛고 새로 인생을 시작하려는 부부들의 결합에 쓰일 포도주가 될 수 있었다. 여기에서 작가는 성체성사에서 빵과 포도주가 예수의 몸과 피로 변한다는 성변화(transubstantiation)신학의 자기다운 견해를 표현하고 있다. 가톨릭교회에서 성찬례는 사제만이 집전할 수 있기에 성변화는 자격 있는 사제만이 이룰 수 있는 특권적인 행위로 자리매김 되어 있다.

성 프란치스코는 당시 교회에서 설교하기 위해서는 부제직을 받아야 하기에 부제가 되었을 뿐 사제는 아니었다. 그러나 작가는 예술가다운 자유로움으로 프란치스코가 하느님과 인간을 지성으로 사랑하였고 자기의 삶으로 예수님의 현존을 증거 하였다고 생각하였다. 그렇기에 프란치스코의 삶을 직분으로서의 사제직이 아닌 성경이 말하는 "만민 사제직"(1베드 2,5)으로 표현함으로써 모든 크리스천은 다 주님을 세상에 모셔오는 "사제"가 될 수 있음을 보여주고 있다.

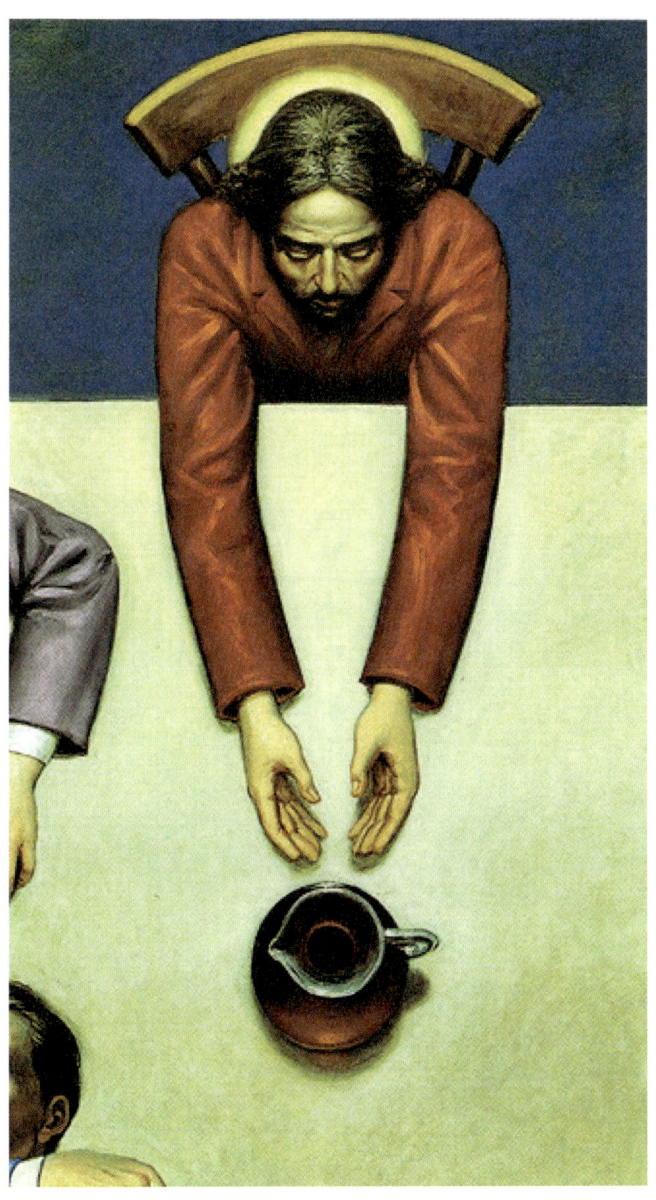

성 프란치스코는 하느님 사랑의 달콤함이 담긴 포도주를 결혼식을 주례하시기 위해 앉아 계신 주님 앞에 가져다 놓았다. 주님께서는 프란치스코가 가지고 온 포도주로 혼인 예식을 주례할 준비를 하신다.

　식탁 양쪽에 앉은 젊은이의 혼인 주례를 하실 주님이 그들의 중간 자리에 앉아 계신다. 예수님이 입은 붉은 옷은 평범한 붉은 색이나 혼인 성사를 받기 위해 온 젊은이를 향한 주님의 큰 사랑의 상징이다. 주님 얼굴은 갈릴래아 해변과 들판을 다니시며, 당신의 사랑과 격려와 위로가 필요한 어부나 농부 그리고 과부와 같은 민초들을 상대하셨던, 세련된 곳이라고는 조금도 발견할 수 없는 그런 흙냄새와 바다냄새를 풍기는 모습이다.

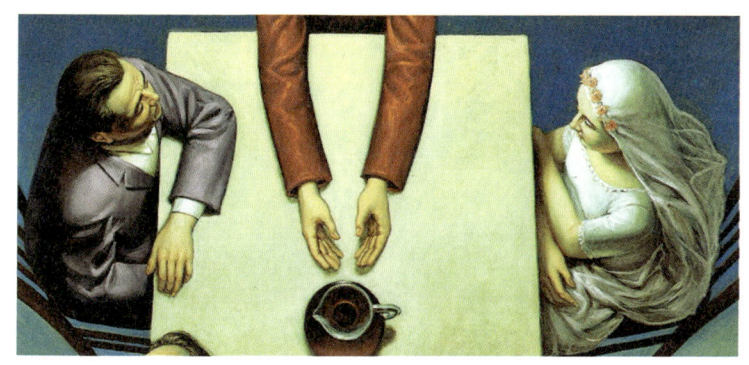

　주님 앞에 나란히 앉은 신랑 신부는 예사롭지 않다. 무슨 사연인지 신랑과 신부의 나이 차이가 대단해 보인다. 신랑은 어울리지 않는 고급 양복을 입었으나, 그의 얼굴에서 평탄한 삶을 산 사람이 아니라는 이력서를 읽을 수 있다. 신부의 앳된 모습이 신랑과 너무 어울리지 않아 이 결혼이 그리 예사스럽지 않다는 인상을 더하고 있다. 이들 앞에 앉아 계신 주님은 부부로서 주님의 축복을 받기 위해 앉아있는 이 젊은이들의 애환을 너무 잘 아시기에 그저 행복을 빌어주는 것 외에 다른 아무것도 요구하시거나 제한하지 않으시고, 모든 것을 이해하고 받아들이시는 하늘같은 막힘이 없는 사랑의 모습이다. 주님께서는 당신을 닮은 종 프란치스코가 자신의 신앙으로 준비한 포도주로 이들의 결혼을 축복하면서 오래오래 행복하게 잘 살라고 이들을 다독거리고자 하신다.

로마 카푸친 수도자들의 성당
(The Choir of the Capuchin Church in Rome)

프랑수와 마리우스 그라넷(Francois Marius Granet : 1775-1849)
1814, 캠퍼스 유채 178 X 148.4cm, 미국 뉴욕 메트로폴리탄(Metropolitan) 미술관

    로마에서 대사관 건물과 고급 호텔이 많은 바르베르니Brberini 광장 근처에 고급스런 거리와 어울리지 않는 집이 있는데, 바로 카푸친 프란치스코 형제들의 수도원이다. 이 수도원은 건물의 외양이 아니라 그 수도원에서 살다 죽은 많은 수도자들의 해골을 4000여 개나 보관하고 있어 해골 성당이라 불리우며 순례 코스에서도 빠지지 않는 중요한 곳이 되었다. 몇 년 전까지만 해도 해골을 모아둔 성당으로 을씨년스러운 인상이었으나 지금은 해골을 정리해서 죽음에 대한 묵상의 성격이 짙은 장소로 탈바꿈하였다. 그리고 빈 공간을 카푸친 수도회 역사와 예술 작품을 볼 수 있는 미술관으로 정리해서 밝아진 모습을 보이고 있다.

    작가는 프랑스 프로방스 출신으로 젊은 시절 로마에 와서 17년을 살면서 이 수도원과 깊은 인연을 맺게 되었다. 그리고 카푸친 형제들에 대한 각별한 사랑을 담은 이 작품과 같은 성격의 그림을 15개나 그릴만큼 이 수도원에 대한 애정과 관심이 대단했다. 그에게

있어 수도원이란 특별한 장소가 아니라 인간 삶의 실상을 확인할 수 있는 중요한 장소였기에 이 수도원을 주제로 한 많은 작품을 남기게 되었다. 작가가 로마에 머물면서 이탈리아 예술에 도취해 배움의 시간을 보내고 있을 때 이탈리아 수도원들은 나폴레옹의 침입으로 많은 수도단체가 해산되고 수도원이 보관하고 있던 수많은 예술품들이 절취되어 프랑스로 옮겨지는 혼란의 시기를 겪고 있었다. 이 수도원 역시 수도자들이 추방되고 수도원이 프랑스 군대에 의해 점령되는 고통과 시련의 시간을 보내고 있었다.

나폴레옹 보나파르트Napoleon Bonaparte는 잠시나마 프랑스 혁명의 최종 승자로비쳐지지만 그에게는 두 개의 서로 상반된 얼굴이 있었다. 하나는 전장에서 마치 예술가처럼 창조적이고 기발한 작전으로 멋들어진 승리를 거둔 전쟁 영웅의 모습이며, 다른 하나는 수단과 방법을 가리지 않고 자기 욕구만을 추구하는 비열한 기회주의자의 모습이었는데, 나폴레옹이 교회에 대한 태도는 철저히 후자의 모습이었다. 그는 교회나 수도원을 많이 폐쇄시키고 그곳에 있던 문화제를 절취해서 프랑스로 가져간 도둑 수준의 지도자였다. 작가는 이 혼란의 시기에 로마에 머물면서 카푸친 수도자들과의 깊은 우정을 맺었고 그들의 삶을 통해 신앙을 심화할 수 있었으며 파리로 돌아와서는 이 수도원에 대한 자신의 깊은 기억을 화폭에 담았다.

수도자들이 아직 날이 충분히 밝지 않는 어두운 새벽에 미사를 준비하고 있다. 제단 부분은 보이지 않고 수도자들이 제단을 향해

서 있는 가운데 성당 뒤편에 있는 창문으로부터 빛이 들어오면서 성당 전체가 서서히 밝아지고 있다. 성당 전체의 어두운 분위기는 나폴레옹 점령으로 어려움에 처한 수도자들의 현실적 정서를 반영하고 있다. 그러나 뒤편으로부터 들어오는 햇빛은 언젠가 이루어질 하느님의 도움을 암시하는 모습이다. 그 빛이 조그만 창을 통해 들어오기에 실내의 어둠을 몰아내기는 턱없이 부족해 보이지만 빛이 들어오고 있다는 것과 이 빛이 실내의 어둠을 몰아낼 때가 오게될 것이라는 희망이 보이고 있다. 이 빛은 수도자들이 지녀야 할 희망을 상징하고 성경이 제시하는 희망의 모델이며 이 수도자들이 바치는 시편의 여러 부분에서 이런 희망이 언급되고 있다.

구원은 오리라, 주님한테서, 하늘땅 만드신 그님 한테서, 산들을 우러러 눈을 드노라, 어디서 구원이 내게 올런고, 구원은 오리라 주님한테서 하늘땅 만드신 그 님한테서(시편 120).

수도원이 몰수를 당하고 수도자들이 추방되는 현실에서 성찬례를 거행하고 있는 수도자들의 심정은 이 성당을 덮고 있는 어둠과 같은데, 수도자들은 불안에 휘말리지 않고 꼿꼿한 자세로 수도원 생활에서 가장 중요한 성찬례를 준비하고 있다. 앞자리에 앉아 있는 늙은 수도자는 건강이 좋지 않아 서 있기마저 힘든 처지이나 성찬례에 참석하기 위해 지팡이에 의지해서 성당에 들어와 미사 준비를 하고 있다. 이는 수도자들의 삶에 있어 성찬이 얼마나 중요한 것인지를 표현하고 있다. 수도자들은 성찬의 힘으로 살아가는 사람들, 어떤 어려움과 시련 속에서도 의연한 사람들임을 알리고 있다. 표정이 드러나지 않지만 약해진 그의 건강에도 삶이 위축되지 않은 의연한 모습이다. 반대편에는 한 수도자가 무릎을 꿇고 있는데, 이것은 수도원 규칙을 위반했거나 아니면 기도 시간에 늦어 원장으로부터 용서를 청하고 있는 자세이다. 끊임없이 자신의 삶을 반성함으로 그리스도를 닮은 모습으로 변화되기 위해선 조그만 실수라도 스스로 용납하지 않는 자기 정직성의 표현으로 무릎을 꿇고 있다.

중앙에 있는 큰 독서대는 공동체 전체를 위한 시편 기도집을 놓는 곳이다. 인쇄술이 오늘처럼 발달되지 않았을 때 수도원에는 수도자 개인이 기도서를 소지하지 않고 양피지로 된 큰 시편집을 하나 두어 수도 연륜이 깊지 않아 시편을 다 외우지 못한 젊은 수도자들이 이것을 이용해서 기도할 수 있게 하였다. 독서대 주위에 향과 향로를 든 두 명의 어린 복사와 제의를 입은 사제가 있는 것으로 보아 성대한 주일미사를 준비하고 있는 모습이다. 인간으로서 가장 철저한 실패와 고통의 상징인 주님의 죽음과 부활을 재현하는 성찬례는 가톨릭 전례의 가장 정점이며 신앙의 모든 것을 다 표현하고 있다.

벽면에는 형상이 확실히 보이지 않는 많은 성화가 있는데, 이것 역시 전체적으로 칙칙한 모습을 보이면서 어두운 성당 분위기와 조화를 이루고 있다. 나폴레옹의 광기에 의해 언제 수도회가 해산되고 수도원이 문을 닫을지 모르는 불확실성 속에서도 이들은 의연한 모습을 보이고 있다. 성찬으로 오시는 주님의 몸을 받아 모시면서 주님께서 이 형제들의 삶에 함께 하심을 굳게 믿기에 이들은 의연한 모습을 보이고 있다.

제가 비록 어둠의 골짜기를 간다 하여도 재앙을 두려워하지 않으리니 당신께서 저와 함께 계시기 때문입니다. 당신의 막대와 지팡이가 저에게 위안을 줍니다(시편 23,4).

수도원 성당의 어두운 분위기가 이들이 처한 불안하고 불확실한 미래의 상징이라면 뒷 창문으로 빛이 들어오면서 성찬례를 성대하게 준비하고 있는 모습은 주님께서 이들과 함께 하심을 굳게 믿고 있는 수도자들의 신앙을 표현하고 있다.

야훼께 의지하는 자는 시온 산과 같으니 흔들리지 않고 영원히 든든하리라. 산들이 예루살렘을 에워 감싸 주듯이 야훼께서 당신 백성을 감싸주시리라. 이제로부터 영원히(시편 125,1-2).

뒷면 창으로 빛이 들어오는 것 외에 전체가 어둠에 잠겨 있으면서 아직 어둠이 지배하고 있는 분위기에서 서서히 어둠이 걷히고 있다는 희망이 보이고 있다. 수도자들은 어둠이 깔린 현실에서 창문으로 들어오는 빛을 바라보면서 자신들이 겪고 있는 십자가 여정의 어둠이 언젠가 부활의 빛으로 이어질 것이라 믿기에 초연한 마음으로 성찬을 준비하고 있다. 프란치스칸 개혁 세력으로 카푸친 수도회가 시작될 때 기존의 프란치스칸으로부터 많은 반대를 받았으나 더 순수하고 열정적인 삶을 살고픈 카푸친 수도자들은 온갖 어려움 속에서도 이 시련을 이겼고 하느님의 도우심으로 1527년 교황의 인가를 받고 출범할 수 있었다.

나폴레옹의 해산 명령으로 풍전등화와 같은 이 수도회의 모습이 왠지 모를 감정으로 작가의 마음에 새겨 졌기에, 작가는 이 주제로 여러 작품을 남겼다. 그는 이들의 수도 생활을 통해 신앙의 여정을 확인할 수 있었고, 이 작품을 바라보는 사람들에게도 신앙이 줄 수 있는 깊고 확실한 희망을 보여주고자 하는 마음으로 이 작품에 심혈을 기울일 수 있었다. 단순히 수도원 일상의 정경이 아닌 신앙인으로서 시련의 시간이 찾아왔을 때 어떻게 받아들이고 극복하는가에 도움이 되는 큰 희망의 지혜를 담았다.

칠락 묵주기도의 성모

장발(루도비코, 1901-2001)
1963, 캠퍼스 유채 88 X 128cm, 작은형제회(프란치스코회) 한국 관구 박물관

묵주기도의 전통은 가톨릭교회의 풍요로운 기도 전통에서도 중요한 자리를 차지하는 기도이나 넓은 의미에서 이 관행은 그리스도교, 힌두교, 불교, 이슬람교 등에서 광범위하게 행해지고 있기에 딱히 가톨릭만의 기도라고 볼 수 없고 한마디로 인간의 깊은 심성에 바탕을 둔 최선의 기도 중 하나로 볼 수 있다. 묵주기도의 기원에 대해 구체적인 어떤 계기를 잡기는 어렵고 시대 상황에 따라 동시다발적으로 교회 안에 일어나게 되었다. 근래에도 묵주기도는 새로운 방법으로 시작되어 많은 사람들이 사용하고 있다.

프란치스칸 칠락 묵주는 1442년 어떤 경건한 수련자에게 성모님이 나타나셔서 가르쳐주신 것으로 프란치스칸 영성의 중요 부분인 기쁨이란 주제로 묵상키 위해 만들어진 것이다. 진복팔단의 내용처럼 예수님의 생애에서 발견할 수 있는 기쁨의 일곱 가지를 집중적으로 묵상하는 것이다.

제1단 : 원죄 없이 잉태되는 동정 마리아 기쁨으로 예수를 잉태하심을 묵상합시다.

제2단 : 원죄 없이 잉태되는 동정 마리아 기쁨으로 엘리사벳을 찾아보심을 묵상합시다.

제3단 : 원죄 없이 잉태되신 동정 마리아 기쁨으로 예수를 세상에 낳으심을 묵상합시다.

제4단 : 원죄 없이 잉태되신 동정 마리아 기쁨으로 예수를 동방박사에게 보이심을 묵상합시다.

제5단 : 원죄 없이 잉태되신 동정 마리아 기쁨으로 예수를 성전에서 되찾으심을 묵상합시다.

제6단 : 원죄 없이 잉태되신 동정 마리아, 기쁨으로 부활하신 예수님을 만나심을 묵상합시다.

제7단 : 원죄 없이 잉태되신 동정 마리아 기쁨으로 하늘에 올라 천상 모후의 면류관을 받으심을 묵상합시다.

이 작품은 교회 역사가 그리 길지 않은 우리나라의 사정을 고려해봤을 때, 성 미술의 표현에 있어 부족함이 있을 수 있는 현실을 과감히 극복하고 당시 우리나라 수준에서는 준수한 작품으로 평가되는 작품이다.

작가는 우리나라 가톨릭교회에 큰 초석이 되었던 집안 출신이다. 형 장면 박사는 재속프란치스코회 회장에다 국무총리를 하셨던 분이고 작가는 우리나라에서 처음으로 서양화를 공부하고 미국 유학으로 미술사와 미학을 공부하고 나서 오랜 기간 동안 서울 미대 학장직을 맡아 이 나라 미술 교육에 초석을 놓으신 분이다. 어릴 때부터 미술에 큰 관심이 있었던 그는 한국의 첫 서양화가 고희동(1886~1965)에게서 서양화를 배워 한국 교회미술의 선구적 인물이 됐고, 해방과 건국 시기 서울대를 통해 전해진 그의 미술론은 한국 교회미술은 물론 한국미술에서도 빛나는 시금석이 되었다. 한마디로 당시 한국 실정에서 가장 자격을 갖춘 예술인으로 또 깊이 있는 신앙인으로 사회와 교회 예술 발전에 큰 족적을 남긴 분이셨다. 특히 종교 미술에 있어 그는 개척자와도 같은 인물이었으며 작품을 많이 남기진 않았지만 선이 분명한 보석 같은 작품을 남긴 작가로 자리매김 하고 있다.

작가는 1923년 미국에서 공부하면서 재속프란치스코회를 알게 되어 서약 후 형 장면과 함께 이 땅에 프란치스칸 재속회를 교회 조직의 핵심으로 키우기 위해 노력했고, 이런 노력에 의해 당시 한국 교회의 지도적 인사 중에 재속회원이 많았으며 작가는 예술인이었기에 작가의 영향으로 예술인들 중에 교회에 입교한 사람들이 많았다. 그가 교회 미술에 획기적인 선을 그은 것은 명동 대성당의 14사도의 제단화를 제작한 것이다. 1925년 본당 신부로부터 제단화 제작의 부탁을 받고 그는 깊이 고심한 후 경주 석굴암에 있는 본존불과 그 주위를 둘러쌓고 있는 여러 부처들에게 영감을 받아 독일 보이론 수도원 화풍에서 볼 수 있는 극도의 절제된 표현과 동양의 아름다움을 조화시켜 제단화를 제작했으며 오늘까지도

걸작으로 평가되고 있다. 작가는 일생 동안 그리 많은 작품을 남기지 않았는데, 이 작품은 작가의 말년 작품이기에 더욱 가치를 인정받고 있다. 그는 재속회원으로 당시 깊은 영성과 탁월한 인품으로 많은 존경을 받았던 프란치스코회 관구장 아폴리나리스 신부를 만나면서 프란치스칸 영성의 심원한 체험과 함께 대단한 자부심을 느끼게 되었다.

이 작품은 작은형제회(프란치스코회) 한국관구 본원 축성식 때 봉헌된 것이다. 작가 자신이 프란치스코회 재속회원이었고 또 존경하던 아폴리나리스 관구 신부를 축하하기 위한 것이니 본인으로서도 심혈을 기울인 정성 어린 작품이었다. 프란치스칸으로서의 그의 신앙 고백과 그의 프란치스칸적인 삶을 인도해 준 영적 지도자이며 도반이었던 아폴리나리스 관구장에 대한 우정의 기억이 담긴 작품이다. 등장인물들이 한복을 입어서가 아니라 여러 면에서 한국적인 아름다움을 표현함으로써 토착화의 성격을 드러내는 작품이다. 작가는 한국 교회 미술에 토착화라는 개념이 없던 시절에 성공적으로 토착화 시도를 했다. 작가는 그냥 한복을 걸친 어색한 인물이 아닌 교회 전통 안에서 영글은 비잔틴 성화에서나 볼 수 있는 중후함과 세련된 고귀함을 담음으로써 격조 높은 성화로 평가되는 작품을 만들었다.

중앙 부분에 마지막 단인 7단의 '천상 모후의 면류관을 쓰신 성모님을 두고 좌우로 3단씩 나누어 칠락 묵주기도의 내용을 표현했다.

　이 작품은 작가의 말년에 속한 작품이라 성숙도를 더하고 있다는 면에서도 의미 있지만 작가의 삶에 있어서 가장 어렵고 고통스런 순간에 남긴 작품으로도 의미가 있다. 작가는 1961년 교직을 사임하고 외교관으로 이탈리아 특명전권대사로 임명받아 발령을 기다리던 중 형인 장면 국무총리가 날벼락 같은 고통을 당한 것의

후폭풍을 맞아 1964년 미국으로 망명의 길을 떠나게 되었다. 이 작품은 작가가 극도의 괴로움 속에 방황하면서 제작되었다는 것을 생각하면 가슴이 숙연해진다. 그가 그 슬픔과 절망과 분노의 순간에 프란치스칸 기쁨을 그린 것은 그의 고통을 신앙으로 극복하고자 했던 치열한 신앙의 투쟁으로 볼 수 있다.

작가는 재속프란치스코회 회원으로서 성 프란치스코 영성에 대한 대단한 매력과 열망을 간직하고 있었다. 그리고 그런 신앙과 열망이 있었기에 예기치 못했던 실망과 불안 속에서도 그것을 극복할 수 있는 큰 영적 에너지로 승화시킬 수 있었고 그 결과가 바로 이 작품이란 생각이 든다. 프란치스칸 고전 중에 "잔꽃송이"라는 작품이 있으며 여기 8장에 "완전한 기쁨"이라는 내용이 있다. 소박하면서도 진솔한 삶을 원했던 초기 프란치스칸의 향기를 맡을 수 있는 작품이기에 오늘도 많은 사람들에게 감동을 주고 있다. 작가의 작품은 이런 관점에서 지난 세기 고귀한 우리 크리스천이 겪어야 했던 어려움을 신앙으로 승화시킨 잔꽃송이로 볼 수 있으며 주제, 구성, 작가의 인생이 어우러진 탁월한 성화로 볼 수 있다.

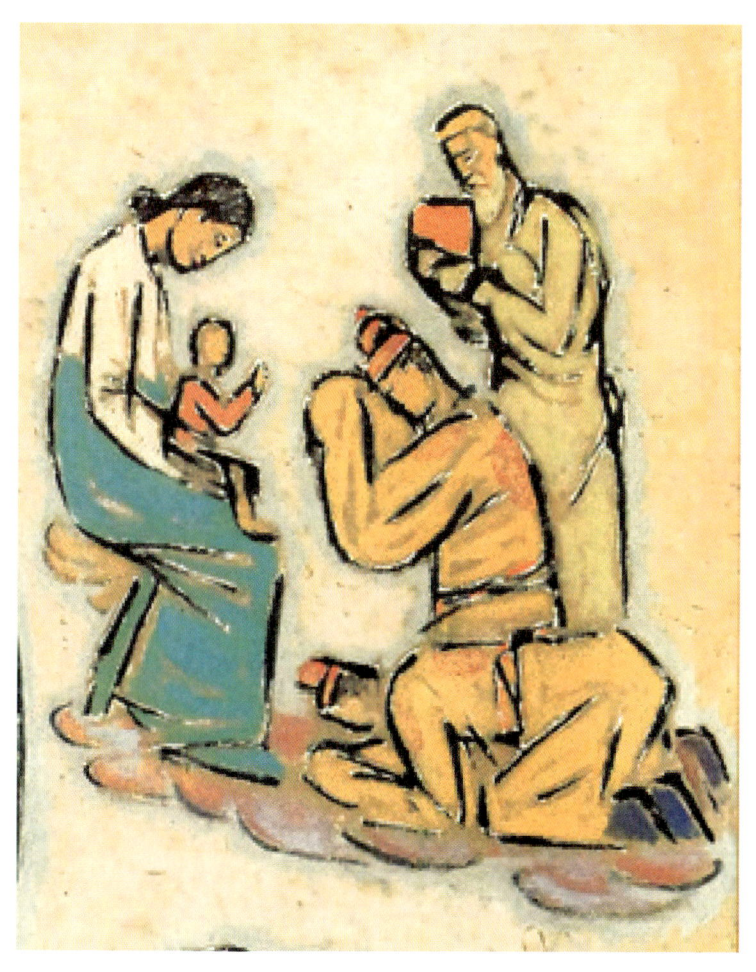

장미의 기적 II
(miracolo delle rose)

제라르도 독또리 (Gerardo Dottori : 1884 - 1977)
1953, 이탈리아 아씨시 성 프란치스코 대성당 도서관

　작가는 성 프란치스코의 고향인 움브리아 출신답게 프란치스코에 대한 그리움과 존경을 작품으로 표현했다. 성 프란치스코는 모든 피조물 안에서 하느님의 선성을 발견했기에 그에게 있어 이 세상에 존재하는 모든 것은 다 하느님의 작품으로서 형제자매의 관계였다. 그는 모든 것 안에 신성이 있다는 범신론자적 주장이 아닌, 하느님 아버지의 사랑의 주권 아래 살고 있는 형제성을 강조했다. 그의 명작 "태양 형제의 노래"는 "피조물의 노래"로도 불릴 만큼 살아있는 모든 존재는 다 하느님의 작품이기에 우리의 형제자매임을 주장했다

　성 프란치스코는 인간관계에 있어서도 좀 특별하고 예언적인 차원이 있었다. 먼저 그는 당시 교회에서까지 버림받았던 나환우들을 우리가 사랑해야 할 가장 가까운 형제자매로 받아들였다. 그래서 그가 수도생활을 시작하면서 가장 먼저 한 것이 바로 이런 나환우에 대한 관심과 애정을 표현한 것이다. 지금도 아씨시 입구에

위치한 리보또르토라는 마을에는 시냇가에 거처하고 있던 나환우들을 위해, 프란치스칸 수도자들이 함께 머물던 흔적의 아름다움을 발견할 수 있다. 나환우들이 교회에서까지 냉대를 받는 처지에서 프란치스코와 형제들의 보호와 도움을 통해 하느님께서 자기들을 사랑하고 계시다는 희망을 얻을 수 있었다. 사랑의 대상은 우리가 사랑하고 싶은 존재가 아니라 우리의 사랑이 필요한 존재라는 것을 성 프란치스코는 나환우들을 환대하는 것으로 표현했다.

프란치스코는 인간 관계에 있어서 독신을 지키는 수도자였으나 남녀의 관계에 있어서도 하느님의 사랑차원에서 보았기에 너무도 순수하면서도 자연스러운 관계를 만들었다. 독신생활이 성을 배제하고 강제하는 관계가 아니라, 성을 초월하여 하느님 안에서 만나는 관계임을 성녀 클라라의 관계를 통해 표현했다.

유복한 환경에서 부모의 사랑을 담뿍 받으며 자란 성 프란치스코가 하느님의 사랑에 매혹되어 아씨시에서 미친 사람으로 소문날 만큼 자기에게 돌아올 모든 풍요와 안락을 포기하고 나섰을 때, 장래가 총망되던 아씨시 귀족의 딸인 클라라는 광인처럼 보이는 성 프란치스코 내면에 있는 하느님 사랑의 깊은 차원을 발견하면서 그녀 역시 프란치스코처럼 살고픈 강한 열망을 느끼게 되었다. 당시 프란치스코는 28세 정도이고 클라라의 나이는 17세 정도였으나 클라라는 성 프란치스코를 스승으로 여기며 주님을 따르는 제자의 길을 걷고자 했다. 성 프란치스코 역시 자기처럼 주님을 위해 모든 것을 다 포기하고 바치고자 하는 클라라의 맑은 열정을 읽었기에 클라라를 제자로 받아 들였다. 그러나 당시 상황에서 여성에게는 봉쇄생활 외에 다른 가능성이 없었기에 처음에 클라라를 이웃 베네딕도 수녀원에 맡겼다가 다미아노 수도원을 만들어 그곳에 클라라와 자매들이 거처할 수녀원을 마련하였다. 클라라는 영적인 아버지와 오라버니로서 성 프란치스코를 대했고 프란치스코 역시 영적 동반자로서 클라라를 대하면서 그들의 관계는 영적으로 깊어졌다. 이런 관계에서 새로 시작된 클라라 수녀원을 돕기 위해 수녀원을 출입하는 일이 잦아졌다. 그런데 얼마 후 순수한 마음으로 복음적 도움을 주기 위한 수녀원 출입이 프란치스코 공동체에 불편한 심기를 일으키는 문제가 되고 있다는 것을 감지하게 되었다.

단조로운 생활 패턴의 수도 공동체에서 모든 형제들이 프란치스코의 맑고 깊은 마음을 헤아릴 수 없었고, 성 프란치스코의 잦은 외출은 장상으로서 형제들에게 그리 아름다울 수 없는 일임을 눈치 챈 프란치스코는 겨울이 시작되는 어느 날 클라라를 방문해서 서로의 만남을 잠정적으로나마 중단하겠다는 뜻을 밝혔다. 스승인 프란치스코로부터 청천벽력과 같은 방문 중지의 선언을 들은 클라라였지만 이것을 하느님의 뜻으로 여기며 받아들였다. 하지만 자매들의 지도에 대한 두려움과 스승 프란치스코에 대한 인간적 그리움을 느꼈기에 언제 다시 만날 수 있는지 물었다.

성 프란치스코 역시 새로 시작되는 수도 공동체 지도자로서의 바른 처신을 해야 한다는 생각에 이런 결정을 했지만, 그 역시 표현하기 어려운 섭섭한 마음을 느끼면서도 이것을 자제하면서 클라라에게 장미꽃이 피는 봄에 만나자는 약속을 했다. 이 약속을 남기고 자기 공동체로 향하기 위해 돌아서는 순간 그들은 놀라운 광경을 보게 되었다. 아직 겨울인데, 그 앞에 만발한 장미꽃 넝쿨을 보게 된 것이다. 하느님 안에서 영적으로 만난 이 두 사람은 이제 자기들의 상태는 더 이상 인간적인 차원에서 조심해야 하거나 주위를 의식 할 것 없이 하느님 안에서 자유롭게 처신해야 함을 깨달으면서 둘은 더 자유로운 상태에서 영적인 만남을 계속할 수 있었다. 인간 세계에서는 여러 제약과 규제가 필요한 상식으로 정착되게 마련이나 하느님의 뜻 안에서는 하늘같은 자유로움이 끝없이 펼쳐진다는 것을 이 영적 연인들은 깨닫게 되었다.

　성 다미아노 수녀원을 배경으로 성 프란치스코와 성녀 클라라가 마주 보고 있다. 프란치스코 뒤에 보이는 사이프러스 나무는 매서운 겨울바람에 춤을 추고 있고 클라라 뒤의 앙상한 나무는 생명이 없는 겨울임을 보이고 있다. 그들 앞에는 겨울 같지 않게 만개한 장미꽃이 있다. 이런 황량한 겨울밤에 핀 장미를 성 프란치스코와 클라라는 응시하고 있다. 클라라는 성 프란치스코의 제자이면서 주님을 따르고자하는 제자로서의 맑고 순순한 영혼의 상징인 듯 흰옷을 입고 있다. 반면 프란치스코가 입은 갈색의 수도복은 전형적 프란치스칸 색깔이면서도 새로 시작된 수도회 책임자로서 의식해야 할 것이 많은, 자유롭지 못한 마음의 표현이기도 하다. 혹시 자기의 처신이 다른 형제들에게 분심과 실망의 요인이 되지나 않을까 하는 무거운 두려움을 표현하고 있다. 그런데 둘은 그들 앞에 핀 장미를 바라보면서 하느님의 뜻을 읽게 되었다. 이후부터 두 사람의 관계는 영적 오누이의 관계로서 자유로웠으며 이 자유로운 상태에서 그들은 서로의 만남을 통해 더욱더 하느님께로 나아가는 영적 동반자의 관계를 유지하게 되었다.

작가는 생존 당시 이탈리아에서 일어난 미래주의라는 예술풍조에 심취해서 많은 작품을 남겼다. 미래주의는 당시 유럽 예술계를 풍미하던 야수주의와 입체주의와 함께 유럽의 새로운 화풍이었으며 이 작품 역시 이런 영향을 영성적 차원에서 표현한 것이다. 하느님께 받은 선물로서의 성을 지닌 인간 삶에서, 남녀 관계는 부부관계만이 유일하게 건전한 관계이며 다른 관계는 사고의 위험성을 안고 있기에 영적인 삶을 갈망하는 사람들은 성을 피하는 것이 영적인 삶의 기본이란 생각이 지배적이며, 이것은 교회안에서 자연스럽지 못한 어색함으로 남아 있다.

결혼생활을 하는 부부들이 독신인 성직자와 수도자를 대할 때나, 독신인 성직자나 수도자들이 서로를 대할 때 자연스럽지 못해서, 눈에 보이지 않는 장막을 치고 대해야 하는 것 같은 부자연스러움이 덕(德)인 양 여겨지는 현실에서 프란치스코와 클라라가 보이는 태도는 인간이 오를 수 있는 높은 차원의 인간관계의 멋스러움을 보여주고 있다. 어색하고 부자연스러움이 없는 관계가 남녀의 관계에서도 가능하다는 것을 이 작품은 제시하고 있다. 현대인들은 이제 종교를 더이상 죄를 피하게 하는 족쇄로서의 받아들이지 않고 복음이 말하는 자유의 표현으로 받아들이고자 한다.

성 프란치스코와 성녀 클라라가 800년 전에 보인 이런 상쾌한 공기를 작가는 당시대 사람들에게 전했다.

수행자
(Hermit)

도우 제리트(Dou Gerrit : 1613- 1675)
미국 워싱턴 국립 미술관

생활 환경의 개선과 의학의 발달로 수명 100세 시대가 시작되었다는 구호가 현실화되고 있으며 이런 현실에서 과거 생각지 못했던 새로운 시도들이 속속 등장하고 있다. 스포츠나 여흥을 통한 젊음과 건강의 유지나 증진, 또는 지적인 훈련을 통해 과거 상상 할 수 없었던 높은 정신 세계에 대한 기대를 약속하고 있다.

이 작품은 바로 이런 시기에, 과거와 전혀 다른 노년기를 맞아야 하는 현대인들에게 멋지고 바른 삶의 방향을 제시할 수 있는 교훈적 내용을 담은 작품이다. 작가는 네덜란드 대표 작가로 평가되는 렘브란트Rembrant의 제자로 스승의 기법을 전수받은 후 자기만의 화풍을 창출했다. 스승의 영향에서 벗어나면서 세부 묘사와 특히 초상화 제작에 뛰어난 기량을 발휘했다. 그가 남긴 초상화들은 스승인 렘브란트가 남긴 권문 세도가들의 초상화와 전혀 다르게, 세속을 떠난 삶을 살아가던 은둔 수도자의 모습을 통해 스승과 다른 차원의 인생을 제시했다.

먼저 이 작품의 주인공은 이름처럼 은둔 수도자이다. 은둔 수도 생활은 초대 로마 교회가 박해받던 상황에서 종교자유를 얻으면서 기득권을 지닌 처지가 되자, 신앙의 이완 현상과 함께 여러 부패 현상이 생기기 시작했을 때, 여기에서 탈출해 하느님의 순수함을 보이고자 하는 열정에서 시작된 수도생활의 형태이며 이것은 초세기 교회의 부패를 막는 소금 역할을 했다. 작가가 활동하던 시대의 네덜란드는 무역과 식민지 개척으로 대단한 번영을 누리고 있었다. 칼빈의 "신의 예정설"은 이 세상에서 구원의 확인은 부와 번영을 이루는 것이란 가르침으로 신자들을 가르치면서 신앙의 충실이 현세 삶의 번영이라는 이율배반적인 현실을 만들었다. 이 번영은 주님이 말씀하신 "가난한 사람의 행복"이 서야 할 자리를 잊게 만들면서 새로운 처방이 필요하게 되었다. 오늘 우리 개신교 대중을 지배하고 있는 풍요와 성공의 신학이 복음과 거리가 먼 것이라 여겨 뜻있는 사람들이 복음으로 돌아가자고 외치는 사람들이 생기는 것과 같은 현실이었다.

이 작품의 주인공은 복장으로 보아 프란치스칸 수도자로서 카푸친 형제회에 속한 형제이다. 카푸친 형제단은 프란치스칸 중에서도 개혁 세력으로 극단의 은둔이나 선교 활동을 통해 성 프란치스코의 삶을 너무도 선명히 제시했던 한마디로 성경이 말하는 빛과 소금의 삶을 알차게 살고자 노력했던 수도자들의 상징이었다. 하느님을 찾는 것 외에는 아무것에도 관심이 없이 살다 이제 인생의 마

지막 단계에 도달한 수도자의 모습이다. 배경이 되는 굴속같은 좁은 공간과 거칠게 깎인 채 서 있는 나무는 그의 삶의 실상이 얼마나 척박한 것인가를 잘 보여주고 있다. 주인공이 세상과는 담을 쌓고 오직 하느님만을 찾고 있는 신앙의 사람임을 보여주고 있다. 그의 벗겨진 머리는 그가 머물고 있는 정신세계의 상징처럼 드러나고 있다. 그의 모습은 온몸과 마음을 다해 하느님의 뜻을 찾기 위해 혼신의 노력을 다하며 살아온 정신의 이력서와 같다. 백발의 수염은 그의 인생이 이제 얼마 남지 않았다는 서글픈 예고가 아니라 그의 살아온 삶이 얼마나 고귀했던 지를 알리는 인생 훈장처럼 밝음으로 다가오고 있다. 구약 성경에는 노년기 이룰 수 있는 덕스러운 모습을 다음과 같이 전하고 있다.

백발 노인으로서 판단력이 있고, 원로들로서 건전한 의견을 줄 수 있다는 것은 얼마나 좋은가! 풍부한 경험은 노인들의 화관이고, 그들의 자랑거리는 주님을 경외함이다.(집회 25,4.6)

그의 얼굴은 그가 살아온 인생의 외양처럼 결코 고통으로 찌들은 인생이 아니라 세상 어떤 부귀영화를 누렸던 인간들에게서도 볼 수 없는 큰 평화와 충만으로 가득 차 있다.
이 은둔자의 얼굴 표정은 성 바울로의 다음 말씀을 연상시킨다.

"우리는 낙심하지 않습니다. 우리의 외적 인간은 쇠퇴해 가더라도 우리의 내적 인간은 나날이 새로워집니다(2코린 4,16).

그의 앞에는 계속 떨어져 양이 얼마 남지 않은 모래시계가 있다. 모래가 얼마 남지 않는 것은 이제 그의 인생이 마무리 할 단계가 되었음을 알리고 있다. 은둔자는 이 모래 시계를 앞에 두고 펼쳐진 성경위에 손을 얹은 채 뚫어지게 십자가를 응시하고 있다. 십자가를 쥔 그의 앙상한 손 역시 근육이 다 소진되어 이제 그는 삶을 마무리해야 할 시기에 와 있음을 보여주고 있다. 그가 손을 얹고 있는 성경은 그의 인생 여정을 인도했던 나침판과 같다. 그가 선택한, 세상과는 절연하고 하느님만을 외골수로 찾는 그의 인생 여정을 꾸리기 위해선 확고한 의지가 필요했으며, 성경은 그의 일생의 발걸음을 안내했던 등불과 같다. 성경은 주님 말씀이기에 좋은 것이란 막연한 권고가 아니라 인생 전체를 인도할 유일한 책임을 강하게 전하고 있다.

당신의 말씀은 내 발의 등불 내 길을 비추는 빛이 옵니다
(시편 119:105).

그는 안경 너머로 시선을 십자가에 고정시키고 있다. 십자가는 크리스천 삶의 상징이며 부활한 생명이 잉태되는 요람과 같기에 크리스천의 삶이란 십자가와 연관을 지니며 사는 것이다. 삶이 힘겹고 어려운 순간에도 십자가를, 삶에서 희망이 보이지 않는 절망의 순간에도 십자가를, 아무리 봐도 출구가 보이지 않는 암담한 현실에서 탈출했을 때 감사와 안도의 마음을 표현할 때도 십자가를 바

라보며 감사를 하듯 십자가는 크리스천 삶의 모든 것이다. 은둔자는 여러 시련과 유혹 속에서도 흔들림이 없이 주님만을 섬겨온 자기 인생이 결코 헛되지 않고 보람되었음을 확인하면서, 시계 위에 떨어지고 있는 적은 분량의 모래처럼 얼마 남지 않은 인생을 위해 다음과 같은 기도를 바치고 있다.

주여 내 믿는데 당신이시고 어려서부터 나의 희망 야훼님이외다. 어머니의 품안에서부터 임은 나의 힘, 모래에서부터 임은 내 의지시오니 나는 언제나 당신을 믿었나이다(시편 70,5-6).

성경 옆에는 그가 생필품을 보관한 것으로 보이는 광주리와 조그만 가방이 놓여있다. 이것은 그가 꾸려온 검박한 생활양식만이 아니라, 하느님 외에 다른 아무것에도 관심이 없었던 그의 삶을 모습을 보여주는 증거품처럼 여겨진다. 살기가 나아지고, 수명이 연장

되면서 사람들이 늙음의 가치를 망각하고, 할 수 있는 한 늙지 않고 젊게 사려는 허황한 꿈에 자신을 던지는 어리석음을 범하고 있는 현실에서, 이 작품은 늙음의 고귀함을 우리에게 알림으로써 영원히 젊음을 붙들고픈 망상에서 헤어나도록 우리를 일깨우고 있다.

독일 의사인 하인리히 시페르게스(H. Schipperges: 1918-2003)는 다음과 같은 말로 노년기의 가치와 중요성을 강조했다.

> 늙는다는 것이 무엇인지 모르는 사람은
> 삶이 무엇인지 모르는 사람이다.
> 늙는다는 것은 나이와 함께 세월로 들어온다는 뜻이다...
> 나이 드는 기술과 늙음이라는 예술 작품을 향한 길은
> 결국 자기 스스로 찾아야 한다.
> 나를 대신해서 늙어 줄 사람은 없다.

작가는 좁고 한정된 공간에 배치된 단순한 것들을 정교하고 세련된 방법으로 배치함으로써 현대인들이 꼭 기억해야 할 풍요로운 메시지를 관객에게 선사하고 있다. 늙는다는 것은 서글픈 일이나, 하느님 안에서 늙음은 퇴락이 아닌 새로운 완성과 성숙의 과정이며, 신앙 안에 멋진 늙음의 지혜가 있음을 알리고 있다. 정밀한 묘사를 거부하는 인상파 화풍이 출현하기까지 그의 작품은 사람들의 대단한 사랑을 받았다.

천사들의 주방

바르톨로메오 뮤릴로 Bartolomé Esteban Murillo, (1617- 1682)
1646, 켄버스 유채 180X 450cm, 프랑스 파리 루브르 미술관

종교가 줄 수 있는 매력과 감동은 정확하고 논리적인 이론 제시만이 아닐 것이다. 초자연적인 기적이야기나 평범한 삶에서의 신앙 실천에서도 우리는 감동을 찾고는 하는데, 이런 면에서 이 작품 또한 민간 차원에서 감동을 주고 있는 어떤 수도자에 대한 일화를 그린 것이다. 한마디로 눈으로 들을 수 있는 감동적인 신앙의 훈훈함이다.

작가는 당시 스페인의 큰 도시였던 세빌리아에서 태어나 일생을 주로 수도원을 중심으로 작품 활동을 했기에 종교 작품이 많으며 특히 프란치스코 수도회와 각별한 관계를 가지면서 프란치스칸 성인들에 대한 작품을 많이 남겼다. 이 작품은 당시 프란치스코 수도원에서 살면서 감동적인 일화를 많이 남겼던 어떤 수도자의 삶을 주제로 하고 있다.

세빌리아 시 근처에 있는 프란치스코 수도원에 프란치스코 페레즈라는 수사가 있었는데 그는 큰 수도원의 주방 보조를 맡고 있었던 수사였다. 그는 겸손과 단순함을 중요한 덕목으로 여기는 전형적인 프란치스칸 수사답게 단순하기 그지없는 사람이어서 자기에게 맡겨진 주방 일과 기도에만 몰두하면서 살아가는 경건한 수사였다. 때로 그의 단순한 행동 때문에 주위 사람들로부터 비웃음을 받기도 했으나 그는 그런 것에 전혀 신경을 쓰지 않았고, 오로지 자신이 해야할 일을 하면서 살아가고 있었다. 이 작품은 그 수사가 남긴 여러 일화 중에 하나로 그가 평범한 주방 일을 통해 보여줬던 놀라운 성덕의 모습을 전하는 것이다. 그는 시간이 많이 걸리는 주방 일도 형제들에게 봉사한다는 생각으로 조금도 불평 없이 기쁘게 행하며 살아왔다. 그러나 주방에 너무 많은 시간을 빼앗기다 보니 기도에 더 많은 시간을 낼 수 없다는 것이 못내 아쉬웠다. 그의 일과는 성당과 주방을 왕복하는 것이었고 주방 일이 없는 시간은 거의 성당에서 기도로 보내면서 하느님과의 일치에서 감미로움을 느끼고 있었다.

그러던 어느 날 성당에서 시간을 잊고 기도에 몰두하면서 천상의 성인들과 함께 하는 황홀함에 빠져들었다. 그는 하느님과 함께라는 기쁨에 모든 것을 잊고 황홀한 영적 감동에 빠져 있다가, 정신이 돌아왔을 때 주방에 가야할 시간이 훨씬 지났다는 것을 알고 놀라 황급히 부엌으로 달려갔다. 그전에도 종종 이런 일이 있어 수도 가족들에게 불편을 준 적이 있었는데 이날도 큰 실수를 하게 되었다. 장상으로부터 들어야 할 꾸지람을 생각하며 황급히 부엌으로 돌아온 그의 앞에는 놀라운 장면이 벌어지고 있었고 이 작품은 바로 그 기적을 보여주고 있다.

　그는 식사 준비 시간이 한참 지났기에 너무도 당황하여 겁먹은 표정으로 주방문을 열었는데 일군의 천사들이 주방에서 자신을 대신해 일을 하고 있는 놀라운 모습을 보게 되었다. 힘센 천사들은 물동이를 들고 물을 나르고 또 다른 일군의 천사들은 음식을 담을 그릇을 준비하고 있었다. 아기 천사들까지 동원되어 양념을 준비하느라 앙징스러운 손으로 분주히 움직이고 있었다. 이 수사가 염려했던 모든 것들이 천사들의 도움으로 조금의 차질도 없이 완벽히 해결된 것이었다.

　작가는 여기에서 현실적인 표현을 통해 영적 세계의 아름다움으로 인도하고 있다. 천사들이 영적인 존재이면서도 주방에서 인간들이 하는 일에 몰두하고 있다. 구리 그릇, 도자기 물주전자를 들고 나르거나 식탁 정리, 양념 만들기 등, 주방에서 하고 있는 자연스러운 소재를 통해 천상식탁의 아름다움으로 관객들을 초대하고 있다. 이 작품은 주인공의 탈혼 장면 외에는 너무도 평범한 주방의 모습이며 거기에 그려진 주방 용구들은 하나같이 정물화의 형식으로 표현되고 있다. 천사들이 분주히 움직이는 안쪽에는 그와 함께 일하던 수사가 놀란 모습으로 이 광경을 바라보고 있다. 자기 동료가 기도에 심취해 늦어지는 것을 알고 혼자 일을 해야 한다는 생각에 당황했는데 갑자기 천사들이 나타난 것이다. 그는 인간의 상식을 초월하는 하느님의 안배를 체험하며 놀라움과 황홀함 속에서 천사들의 역사役事를 바라보고 있다

식사준비가 늦어 큰 낭패라는 두려움으로 주방에 들어온 수사는 하느님의 배려로 천사들이 도와주었고 모든 것이 잘 되어가고 있는 것을 본 순간 하느님을 향한 찬미의 마음에 몸의 중력을 잃고 공중에 뜨게 된다. 중세 성인들 중 공중부상을 했던 성인들이 종종 있는데, 이 수사 역시 하느님을 찬미하는데 너무도 깊이 심취했

기에 지상적인 모든 것에서 해방된 사람의 상징으로써 공중을 날고 있다. 그의 소박한 프란치스코 수도복에 어울리지 않게 머리 주위엔 너무도 밝은 황금빛 후광이 감싸고 있다. 그는 비록 육신적으로는 지상을 살고 있으나 그가 기도를 통해 만나는 것은 항상 천상의 하느님이었기에 이제 잠시나마 그의 육신은 지상에서 해방되어 천상적 존재의 모습을 보이고 있다.

신비신학에서 지복직관이란 인간이 하느님을 직접 만나는 경지를 말하는데 이 수사는 바로 이런 경지에서 자기도 모르는 사이에 공중부상의 상태로 온몸이 하느님의 광채로 쌓여 있다. 인간적으로 보기엔 자기 책임을 다하지 못하는 칠칠하게 보이는 이 수사가 실은 하느님 나라에선 너무도 위대한 존재라는 것을 후광은 전하고 있다. 마태오 복음 19장에서 예수님이 사랑하시는 제자 세 명을 데리고 타볼산으로 가셔서 자신의 모습을 빛처럼 밝은 모습으로 변모시킴으로써 제자들에게 하느님의 아름다움을 보여주었던 예수님의 현성용顯聖容을 연상케 하는 것이다.

고귀한 신분을 연상시키는 두 명의 신사와 수도원장이 문 곁에서 이 감격스러운 광경을 바라보고 있다. 이들도 평소 이 수사의 성덕에 대한 것을 많이 들었으나 별로 탐탁치 않게 여겼고 오히려 이 수사가 기도를 핑계로 수도원의 규칙을 자주 어기는 사고뭉치 수사라는 정도의 소문을 들어오던 처지였다. 그러나 탈혼한 이 수사를 보면서 그들은 자기들의 생각이 어리석었음을 깨달았고 하느님의 능력과 사랑에 대한 깊은 체험을 하게 된다. 세 사람의 표정들은 마르코 복음의 마지막 부분에 예수님이 십자가에서 운명하신 후 이방인인 백부장을 통해 "이 사람은 참으로 하느님의 아들이셨다."(마르 16,39)라는 신앙고백이 나오는 것을 연상시킨다.

요즘도 신학적으로 대단한 내용의 글이나 강론 못지않게 성모 성지에서 일어나고 있는 어떤 기적 이야기나 경건한 사목자나 수도자의 일화가 사람들을 신앙으로 인도하는데 더 많은 도움을 주고 있는 것처럼, 사람들 가운데 순회의 삶을 살아가는 프란치스칸 수도자들의 일화는 듣는 사람들을 훈훈하게 만들어 신앙의 멋스러움으로 인도해 왔고, 오늘도 이런 전통은 프란치스칸 안에 면면히 이어지고 있다. 이 주방 수사의 복음으로 영글어진 아름다운 삶의 모습은 그 자체로 힘찬 복음 선포였으며 이 작품은 하느님께서는 바로 이런 평범한 수사의 삶이 예사로운 것이 아니라는 것을 당신이 개입하셔서 기적으로 보여 주신다는 것을 이 작품은 전하고 있다. 기도에 몰두하노라 자기가 해야 할 일을 못한 이 수사를 도와 모든 일이 잘 마무리되게 한 천사들의 모습은 수도자들이 주일 저녁기도로 바치는 다음 시편을 연상시킨다.

주께서 너를 두고 천사들을 명하시어 너 가는 길마다 지키게 하셨으니, 행여 너 돌부리에 발을 다칠세라 천사들이 손으로 널 떠받고 가리라(시편 90,11-12).

성모자와 성인들

로렌죠 로또(Lorenzo Lotto, 1480-1556)
1506, 목판 유채화 83 X 105cm, 영국 에딘버러 (Edinburg) 미술관

작가의 기량과 신앙이 조화되는 일은 그리 많지 않은데, 로렌죠 로또는 그의 신앙과 작품성이 맞아떨어지는 작가였기에, 그의 작품은 바로 자신의 신앙고백으로도 볼 수 있다. 작가는 베네치아가 르네상스 예술이 전성기를 이루던 시대 베네치아에서 활동하다가 그의 말년엔 성가정의 유적을 보존하고 있는 로레토 성지에 가서 삶을 마무리 할 만큼 신심과 예술성이 조화를 이루던 작가였다. 이 작품은 15세기부터 유행하기 시작한 성스러운 대화(Sacro conversazione)라는 화풍으로 성모자와 성인들을 등장시키는 양식이다.

이것은 성인들의 성모자를 향한 사랑이 영적 결혼처럼 긴밀한 것임을 강조하는 양식으로 대표적인 것이 아기 예수와 알렉산드리아의 성녀 카타리나가 반지를 교환하면서 영적합일의 경지를 드러내는 것이다. 시대를 흐르면서 그 지역에서 특별한 공경을 받던 성인들이 성모자의 양편에 등장하기 시작했는데, 이 작품은 당시 작

가의 고향인 베네치아 성인공경에 대한 신심표현을 확인하기에 좋은 작품이다. 성모자 오른쪽으로는 성 예로니모와 성 베드로가 계신다. 모두 머리가 벗겨진 노년기의 모습으로 등장하고 있는데, 이것은 그들의 영적 지혜와 권위를 표현하는 것이다.

예로니모 성인은 보통 추기경 복장으로 등장하는데 여기에서는 성 베드로와 같이 충분히 인생을 살아가면서 지혜가 영글은 노인의 모습으로 등장하고 있다. 그 옆에 성 베드로 사도 역시 예로니모와 마찬가지로 아기 예수를 바라보고 있다. 보통 성 베드로 사도는 천국 열쇠를 들고 있는 모습으로 자주 등장하는데 여기에선 성 예로니모 사도와 함께 아기 예수님을 바라보는 모습이다. 베네치아의 수호 성인은 성 마르코이나, 성 베드로 사도 역시 베네치아에서 대단한 존경을 받던 성인이었기에 베네치아 대성당의 주보는 성 베드로이다. 베드로 사도를 대성당의 주보 성인으로 모신 사연은 신앙 이전에 베네치아 시민들의 자부심을 표현한 것이라 볼 수 있다. 지방문화가 서로 다르게 발달한 이탈리아에서 베네치아 공화국은 피렌체 공국과 함께 대단한 자부심을 가지고 있었다. 특히 그들의 경제적인 힘과 탁월한 예술성은 이탈리아에서 자신들이 가장 우월하다는 자부심에 빠지게 만들었으며, 베드로 사도를 대성당의 수호성인으로 모신 것은 자기들이 로마에 비길 수 있다는 은근한 과시의 표현으로 볼 수 있다.

성모님의 무릎 위에 서 계신 아기 예수님은 예로니모 성인이 내민 가죽 뭉치를 응시하고 계신다. 아기 예수님은 하느님의 아들이시기 보다 마리아의 아들처럼 앙징스러우면서도 자연스러운 아기의 모습으로 가죽 뭉치를 호기심 어린 눈으로 바라보고 계신다. 이 가죽 뭉치는 예로니모 성인이 번역한 성경의 필사본으로 볼 수 있으며 두 성인이 주님께 바치는 나름대로의 인생 전체의 상징으로 볼 수 있다. 사도 베드로나 성 예로니모는 서로 다르긴 하지만 자신의 모든 것을 주님께 바친 성인이기에 이들의 믿음과 정성을 아시는 주님께서는 대견스럽게 이들이 내민 가죽 주머니를 응시하고 계신다. 예수님은 당신의 말씀을 세상에 전한다는 사명으로 일생을 성경 번역에 바친 예로니모와 허약한 가운데서도 주님을 전하기 위해 노력했던 베드로를 등장시키면서 당신을 충실히 따랐던 사람들을 각별히 사랑하신다는 마음을 표현하고 있다. 천국 열쇠를 쥐고 교회의 으뜸으로 통하던 베드로 사도나 항상 추기경의 복장으로 통하던 성 예로니모는 여기서 너무 소박한 모습으로 드러나고 있다.

예수님 역시 성모님의 품에 안겨 있는 아기이지만 손을 들고 관객들을 바라보는 모습이다. 그리고 동방 이콘에서처럼 아기가 아닌 성숙한 모습의 어른으로 나타나는 것과 대조적으로 당시 서민 가정에서 자주 만날 수 있는 어린이의 자연스러운 모습으로 나타나고 있다.

여기에서 작가는 자신의 신앙표현을 하고 있다. 당시 베네치아는 해외 무역으로 경제적으로 상당한 수준에 이르렀기에 사치가 대단하고 전성기 르네상스는 이것을 부채질 했기에 당시 베네치아는 비록 성화라 할지라도 호화스러운 인상을 풍기는 것이 대종이었다. 작가는 탁발의 영성이야 말로 베네치아의 사치를 극복하게 만드는 것이라 여겨 당시의 다른 작품과 전혀 다른 정서로 표현하고 있다. 아기 예수님이 성 예로니모와 사도 베드로를 향해 있는 것과 대조적으로 성모님은 중세 교회를 크게 쇄신했던 탁발 수도회 창설자인 성 프란치스코와 성녀 클라라를 바라보고 계신다. 예수님이 두 성인을 대견하게 여기시는 것 같이, 성모님께서는 당신 아들 예수를 너무도 사랑하고 닮았기에 제2의 그리스도로 불리던 성 프란치스코를 보시며 그의 가슴에 새겨진 십자가의 흔적을 손으로 짚어보신다.

성녀 클라라는 프란치스코의 모범에 감화를 받아 수도생활을 시작했고, 항상 성 프란치스코의 지도를 받는 영적인 오누이의 삶을 살면서 영적으로 침체기에 있던 중세 교회에 복음적 생기를 불어 넣은 성인으로서, 당시 이웃 나라와의 무역 등으로 부유함의 극치를 누리던 베네치아 사람들에게 복음적 가난의 삶으로 남다른 감동을 주던 성인이었다.

인간이 부유한 처지에 머물게 되면 그 부유함으로 인해 자칫 삶이 타락의 함정으로 이어지는 경우도 있다. 반대로 부유함의 허상을 발견한 사람들은 복음적인 삶으로 방향을 돌리게 되는데, 당시 베네치아에서 성 프란치스코와 성녀 클라라의 위상은 세속의 고귀한 삶이 아닌 영적 수준의 고귀함을 제시하는 모델이 되었다.

성모님은 주님 사랑의 표식으로 받은 가슴의 상처를 가리키는 프란치스코를 자애로운 눈으로 바라보시면서 그에게 각별한 사랑을 표현하신다. 성모님께서는 허리에 성 프란치스코가 띠고 있는 탁발 수도자의 상징인 허리띠를 매심으로 프란치스코와의 극도의 친밀감을 표현하고 있다. 성 프란치스코 역시 어느 성인들보다 성모님께 대한 각별한 애정을 표현하였는데, 그 이유는 우리 죄인을 구원하실 구세주를 우리에게 보내 주신 어머니로 공경했기에, 성모님과 프란치스코의 사랑은 예수님을 사이에 두고 이룰 수 있는 신뢰와 우정의 극치임을 드러내고 있다. 성 프란치스코는 생전에 "복되신 동정 마리아께 드리는 인사"라는 기도에서 다음과 같이 성모님을 향한 자신의 감회를 표현했다.

"거룩한 부인이요 여왕이시여, 하느님의 성전이 되신 동정녀여,
하느님의 어머니이신 마리아여, 기뻐하소서.
하늘에 계신 지극히 거룩하신 아버지께서 당신을 간택하시어,
그분의 지극히 거룩하시며 사랑하시는 아드님과
협조자이신 성령과 함께 당신을 축성하셨나이다."

이 작품은 작가의 초기작이기에 후대와 비교해 훨씬 검박한 인상을 풍기고 있으나 베네치아 회화의 특성을 성모님의 망토를 통해 유감없이 표현하고 있다. 성모님의 망토는 다른 작품과 달리 감

청색으로서 유난히 크다. 당시 감청색 안료는 오늘날의 아프가니스탄에서만 생산되어 값비싼 것이었기에 성모님께만 사용하는게 관례였으나, 작가는 다른 작품과 비길 수 없이 넉넉한 분량을 사용함으로써 성모님의 고귀함을 더 강하게 표현하고 있다. 미술 사학자인 베렌슨은 베네치아 회화의 특징을 다음과 같이 표현했다. 베네치아와 쌍벽을 이루던 피렌체의 회화를 보면 미켈란젤로나 다빈치에 의해 완성되었던 원근법이나 인체 해부학적인 표현 등 여러 가지를 생각하게 되나, 베네치아 화풍은 화려한 색상의 배합을 통해 엉글어진 그림 자체를 즐기는 것만으로도 충분히 관람객의 마음을 편안하게 해주는 것을 특징으로 하고 있다. 이런 베네치아 화풍에 작가는 자기 신앙을 담았기에 다른 작가의 작품처럼 화려한 인상보다는 성 프란치스코가 풍기는 소박함의 모습을 담았다. 성 예로니모와 성 베드로가 성 프란치스코와는 전혀 다른 교회 지도자의 힘있고 화려한 모습으로 드러나는게 관례인 것과 대조적으로 작가는 성 프란치스코의 모습에 두 성인을 맞춤으로써 나름대로 교회 개혁의 의지를 표현했다

교회의 지도자는 세상의 권력자들을 닮은 모습이 아니라 갈릴레아 출신의 예수의 모습을 닮아야 함을 작가는 작품을 통해 표현했다. 하느님의 아들이기 이전 인간 성모님의 아들 예수님은 여느 가정의 어린이처럼 귀엽고 자연스러운 모습으로 드러나고 있다. 제도적인 교회가 소홀히 하기 쉬운 예수의 모습을 보여주고 있다. 금

관의 예수와는 거리가 먼 인간 예수의 모습이다. 깊은 사랑을 표현하시는 성모님의 모습을 통해 경건한 분위기속에서도 마음을 평안하게 만들고 있다.

작가는 당시 르네상스 운동의 부작용으로 신자들이 사치와 향락을 인간다움의 표현으로 생각하며 신앙에서 멀어지고 있는 일부의 모습을 보면서 신앙을 일깨우기 위한 경각심을 이 작품을 통해 표현했다. 즉 가난한 교회의 모습을 지향하며 일생을 살았던 성 프란치스코와 클라라를 새로운 상징으로 제시한 것이다. 화려하고 산뜻한 색채 처리의 베네치아 그림과 전혀 다른, 소박하다 못해 투박한 모습의 양쪽 성인들을 성모자 곁에 등장시킴으로써 르네상스의 열기에 들며 복음의 핵심에서 멀어지고 있는 신자들에게 한 폭의 멋진 시각적인 강론을 남겼다.

하르피의 성모
(Madonna delle Arpie)

안드레아 사르토(Andrea del Sarto, 1486-1530)
1517, 유채 목판화 208 X 178cm, 이탈리아 피렌체 우피치 미술관

　새로운 표현 양식이 계속 나타나지만 여전히 가족상이나 모자상은 사람들에게 변함없는 사랑을 받고있기에 사람들이 많이 모여 사는 아파트 단지나 공공장소에 이런 주제의 조각이 서있는 것을 심심찮게 볼 수 있다. 성화에 있어서도 가장 많이 접근한 주제가 성모님이며 그중에도 아기 예수님과 함께 있는 성모자 상은 너무나도 다양하게 제작되었는데, 그중 하나가 이 작품이다.

　작가는 르네상스 전성기에 활동하던 작가로서 성모자상을 성경적인 내용이 아닌 당시 피렌체에서 유행하던 신플라톤주의 철학을 바탕으로 제작했다. 피렌체가 경제적으로 나아지면서 지도자 역할을 하던 코시모 메디치(1389-1464)는 피렌체 공국의 위상을 키우기 위해선 경제적 성장에 걸맞는 학문과 예술을 발전시켜야 한다는 결정을 하고 당시 신플라톤 학파의 대가였던 마르실리오 피치노(1433-1495)를 초대해서 플라톤 철학을 강의케 했고 이것은 피렌체 시민들에게 대단한 영향을 주게 되었다.

신플라톤주의는 세상을 천상계인 이데아의 세계와 지상의 영역인 현상계로 나누는 플라톤의 이원론적 세계관을 계승한다. 인간다운 삶은 이데아의 세계를 향한 끝없는 추구임을 강조하면서 인간의 정신과 육신을 분리시키려는 착오를 하기는 했으나 천상세계인 영혼에 대한 관심을 키움으로써 자연스럽게 교회의 영성생활 안에서도 큰 비중을 차지하게 되었다. 피렌체 공국은 이런 메디치 가문의 거시적인 안목의 접근으로 많은 천재가 한꺼번에 등장하는 행운을 맞게 된다. 이들은 비례, 조화, 반복 등의 아름다움을 추구하는 시기를 거쳐 플라톤 사상에 기초한 초월적 아름다움을 추구하는 경지에 이르게 되는데 작가는 이 경지에 대표적인 작가였다.

예수 아기를 안은 성모님은 아래 두 아기 천사들이 옹위하는 가운데 받침대 위에 계신다. 성모님이 입으신 옷 색깔은 르네상스가 추구하던 조화의 표상이며 벌거벗은 몸으로 성모님께 안긴 아기 예수와 대조되어 균형과 조화의 모습을 보이고 있다. 아름다움의 원천은 바로 하느님이시며 성모님은 하느님의 은총을 받은 여인의 표징으로 더없이 아름다운 모습으로 나타나야 한다는 것이 강조되고 있다. 그런데 성모님의 손에 성경으로 보이는 책이 들려있는데, 이것은 바로 성모님이 지혜의 어머니이심을 상징하는 것이며, 지혜는 플라톤 철학이 추구하던 이상적인 가치였다. 작가는 성경에 나타나는 겸손이나 순종과 같은 덕목을 지닌 여인으로서의 성모님이 아닌 당시 많은 사람들이 심취해 있던 플라톤 철학의 가치를 성경과 접목시키는 새로운 시도를 했다. 성경의 내용을 이교도의 학문이었던 신플라톤 철학과의 접목을 통해 더 풍요롭고 설득력 있게 표현했다. 작가는 지혜의 어머니로서 성모님을 이용해 참된 지혜의 원천이신 그리스도께로 모든 것을 돌리고 있다. 모든 지혜의 원천은 바로 예수님이시기에, 육신의 어머니로서 예수를 세상에 보여주는 것은 바로 참 지혜의 원천을 관람객들에 전해주는, 일종의 복음선포임을 표현함으로써 이교 철학인 신플라톤 사상을 통해 성경의 내용을 표현하는 획기적 시도를 성공시켰다.

    이 작품은 피렌체 이웃의 한 프란치스코 수녀원의 요청으로 제작되면서 성모님께 대한 각별한 신심이 있던 성 프란치스코를 성모님 옆에 등장시켰다.

    성 프란치스코 맞은편에는 예수님의 사랑을 받은 제자이며 요한복음의 저자로 전하는 사도 요한이 더 없이 청순하면서도 준수한 모습으로 서 있다. 그가 손에 들고 있는 서판엔 십자가에 달리신 예수님이 요한에게 하셨던 말씀이 적혀 있다.

예수께서는 당신의 어머니와 그 곁에 선 사랑하는 제자를 보시고 말씀하셨다.

"여인이시여, 이 사람이 어머니의 아들이십니다."

이어서 그 제자에게 "이분이 네 어머니시다." 하고 말씀하셨다(요한 19,26).

요한복음은 성경 전체에서도 신비적인 성격이 가장 강하게 드러나는 복음인데 이 표현 역시 플라톤 철학과 상통하는 면이 있는 것이다. 성모님이 서 계신 받침대를 두 명의 어린 천사가 붙들고 있는데, 이것이 바로 이 작품의 특징인 신플라톤주의 영향을 극적으로 표현하고 있다. 보통 이런 받침대는 십자가의 형상이나 성모님께 관련된 상징을 새기는게 보통인데, 여기에선 엉뚱하게 그리스 신화에 나타나고 있는 형상을 새기고 있다. 아르피아Arpia는 희랍 신화에 나오는 새의 몸둥이와 인간의 얼굴을 가진 신화적 존재인데, 작가는 이것을 그리스 신화에 나오는 지혜의 여신 아테나Athena로 각인시켜, 성모님이야 말로 당시 사람들에게 대단한 관심과 매력을 끌고 있던 희랍 신화에 나오는 아테나 여신과 같은 존재로 부각시켰다. 중간 부분에는 성모승천 대축일 찬미가의 다음 구절이 쓰여져 있다.

"서광이 밝아오듯 빛을 발하며 저하늘 높은 곳에 자리하시니!"

작가는 당시 유행하던 신플라톤 철학 개념으로 성모자의 위상을 보여줌으로서 당대 사람들에게 훨씬 더 설득력있게 메세지를 전할 수 있었다. 구세사에서 큰 비중을 차지하고 있는 성모님의 역할을 당시 사람들에게 지혜의 여신인 아테나와 연결시킴으로서 성모님이 지혜의 어머니이심을 설득력 있게 전할 수 있었다. 결국 작가는 성모님을 통해 다음 성경의 내용을 전하고 있다.

그리스도는 하느님께서 주신 우리의 지혜이십니다(1코린 1,30).

고르쿰의 순교자들
(Martyrs of Gorkum)

체사레 프라카시니 (Cessare Fracassini, 1838- 1888)
바티칸 미술관

    1517년 10월 31일 독일 아우구스티노 수도회 신부였던 마르틴 루터는 자기가 몸담고 있는 가톨릭교회가 더 없이 부패한 것에 통분하며 교회의 개혁을 위해 비텐베르크 성당에 95개의 반박문을 게시하면서 종교개혁을 일으켰는데, 그 뒤를 이어 프랑스의 잔 칼뱅과 스위스의 츠빙글리가 합세하면서 유럽 역사를 바꾼 거대한 사건을 만들었다. 그런데 종교개혁을 이야기하면 원인 제공자인 가톨릭의 부패와 함께 교황과 종교재판으로 이어지는 가톨릭교회의 종교박해를 이야기하는 것이 보통이나, 종교개혁의 실상을 들여다보면 개신교도 같은 잘못을 반복하고 있었다. 결과적으로 가톨릭과 개신교 모두가 가해자와 피해자의 역할을 반복함으로써 상호 성찰의 원인 제공을 하였음을 깨닫기 시작했다.

　이 작품은 네덜란드에서 개신교가 가톨릭 수도자들과 평신자들을 박해했던 역사의 기록이다. 1572년 가톨릭 지역이었던 고쿤 지역이 칼뱅교도들에게 점령당하면서 19명의 가톨릭 신자들이 순교하게 된다. 7명의 프란치스칸들과 몇 명의 교구 사제들, 도미니꼬회 회원들과 아우구스티노회 수녀를 포함해서 19명인데, 이들은 개신교도들이 믿는 신조와 다른 것을 믿는 다는 이유 하나로 체포되고 투옥되었다. 종교가 편협해지면 어느 정도까지 광신에 빠질 수 있는지를 보여주는 좋은 예이다. 이들은 개신교도들로부터 성사와 교황의 수위권에 대한 교리를 부정하라는 강압을 받았으나, 이것을 거부함으로써 교수형을 당하게 되었다. 아무런 잘못도 없는데, 원수까지 사랑하라는 예수의 가르침을 따르는 크리스천들이 자기들과 다르다는 이유 하나만으로 죽일만한 증오의 대상이 되었던 것이다.

　19명은 모진 고문과 회유 협박을 당했으나 한 치의 미동도 없이 꿋꿋하고 떳떳하게 교수대에 매달려 주님께 마지막 영광을 드렸다. 프란치스칸 한 명이 먼저 교수대에 달린 다른 순교자들처럼 그에게 올가미를 걸고자 하는 형리의 손을 바라보고 있다. 자기에게 닥칠 최고의 위협인 교수대에 목이 걸릴 순간에도 그는 너무도 의연하다. 그에게 일말의 불안도 없기에 그는 당당히 자기 목에 올가미를 씌울 형리를 바라보고 있다. 그는 수도생활을 통해 순교란 하느님의 사랑을 증거 할 수 있는 최고의 결단이란 것을 알았기에 기다리던 것이 온 것처럼 의연하면서도 흔쾌히 받아들이고 있다. 수도생활의 이상은 하느님을 극단으로 선택하는 것이었다. 초세기 교회가 박해를 받을 때 수도생활은 없었다. 그러나 교회가 종교 자유를 얻어 박해받는 처지에서 기득권자가 되자, 신앙의 이완 현상이 일어나면서 여기에 대한 반발로 수도생활이 생겼다. 수도자에게 순교의 이상은 목숨을 바침으로써가 아니라, 삶으로 증거하는 것이라 여기며 살아왔기에 개신교도들이 배교의 도구로 준비한 교수형 따위는 어떤 두려움의 대상이 될 수 없었고 당당한 모습을 유지할 수 있었다.

죽음을 앞둔 이 프란치스칸에 있어 형리들이 공포의 도구로 연출하는 교수대에 달린 여러 수도자들과 배교하지 않으면 저런 끔찍한 상태가 된다는 위협은 전혀 다른 의미를 지니게 된다. 프란치스칸 수도자에 있어 이 공포의 장면은 천국 입성의 시작이며 그토록 믿고 기다리던 하느님을 만나는 것이었다. 이런 신념이 있었기에 가해자들이 원하던 고통에 패배한 자의 불안하고 당황해하는 모습과 거리가 먼 승리를 기다리는 장한 모습이다. 교회는 1887년 이들을 시성했고, 이들 순교의 중요한 동기가 교황의 수위권을 인정하는 것이었기에 성청은 이 작품을 바티칸 미술관에 보관하고 있다.

삼천 년대를 시작하면서 요한 바오로 2세 교종은 온 세계를 향해 이천년 교회 역사에서 저지른 과오들, 십자군 전쟁, 가톨릭 교리와 다른 것을 믿는 크리스쳔들을 이단으로 단죄한 것에 대해 공개 사과를 하셨다. 이것은 이천년 교회 역사에서 가톨릭교회가 저지른 큰 잘못임에는 틀림이 없으나 개신교 역시 이 작품에서 볼 수 있는 것처럼 가톨릭교회와 다름없는 잘못을 저질렀다. 마르틴 루터는 가톨릭교회의 부패에 반기를 들었고 자기주장을 관철하고 백성들의 협조를 얻기 위해 농민들을 끌어들였다. 그러나 그들의 반란이 제후들의 미움을 받게 되는 것을 보자, 제후들의 편을 들었고 이는 농민들에게 끔찍한 실망과 상처를 주었다. 칼뱅은 점령한 스위스의 쥬네브 시에 신정정치라는 종교재판으로 시민들을 공포에 빠트렸으며, 자기 신조와 다른 사람들을 무자비하게 고문하고 살해했다. 유일신을 믿는 종교는 유대교 그리스도교 이슬람인데, 이들의 공통적인 특징은 자기들이 믿는 것과 다른 것을 용납하지 못하는 편협한 증오심이다. 예수님이 바로 유대인들에게 살해당한 것으로부터 이 역사가 시작되면서 자신이 믿고 있는 종교와 서로 다른 신조를 용납하지 못하는 편협한 증오심을 보이고 있다.

유일신을 믿는 크리스천들은 자신들의 신앙고백 안에서 자기와 다른 신조를 믿는 사람들에 대한 상호존중과 관용의 태도를 배우는 것이 무엇보다 중요하다. 그리고 이것은 인격적 표현이 얼마나 중요한지 그 가치를 익힌 현대인들에게 크리스천의 매력으로 다가올 것이다. 이런 측면에서 근래 종교인 연합이나 크리스천들 안에서 교회 일치 운동에 복음적 관용성을 보이고 있는 것은 참으로 자랑스럽고 다행한 일이다. 특별히 이런 행동은 우리 사회 일각에 남아있는 여전히 호전적이며 폐쇄적인 크리스천 집단이 존재하는 곳에서 예언적 역할을 하고 있다.

종교 개혁의 진원지였던 독일에서 가톨릭과 루터교의 관계는 서로의 잘못을 인정하고 상호존중과 이해를 보이고 있다. 매년 10월 31일 종교 개혁 기념일이면 루터가 가톨릭교회의 부패에 반발해서 95개의 조항을 제시했던 비텐베르크 교회에선 뜻있는 가톨릭 신자들과 개신교도들이 모여 기도모임을 열고 있다. 기도모임이 끝나고 헤어지면서 그들은 서로의 손을 잡고 다음과 같은 격려의 인사를 나눈다.

"여러분은 세상의 빛이 되십시오."

이 인사를 받은 사람은
"여러분은 세상의 소금이 되십시오." 라는
격려의 말로 다음 해의 만남을 약속하며 헤어진다.